中国文化百科

军事

强军战略雄风

郭伟伟 编著　胡元斌 丛书主编

汕头大学出版社

图书在版编目（CIP）数据

军事：强军战略雄风 / 郭伟伟编著. -- 汕头：汕头大学出版社，2015.2（2020.1重印）

（中国文化百科 / 胡元斌主编）

ISBN 978-7-5658-1573-7

Ⅰ. ①军… Ⅱ. ①郭… Ⅲ. ①军事史－中国 Ⅳ. ①E29

中国版本图书馆CIP数据核字(2015)第020884号

军事：强军战略雄风　　JUNSHI：QIANGJUN ZHANLUE XIONGFENG

编　　著：	郭伟伟
丛书主编：	胡元斌
责任编辑：	邹　峰
封面设计：	大华文苑
责任技编：	黄东生
出版发行：	汕头大学出版社
	广东省汕头市大学路243号汕头大学校园内　邮政编码：515063
电　　话：	0754-82904613
印　　刷：	三河市燕春印务有限公司
开　　本：	700mm×1000mm 1/16
印　　张：	7
字　　数：	50千字
版　　次：	2015年2月第1版
印　　次：	2020年1月第2次印刷
定　　价：	29.80元

ISBN 978-7-5658-1573-7

版权所有，翻版必究

如发现印装质量问题，请与承印厂联系退换

前　言

　　中华文化也叫华夏文化、华夏文明，是中国各民族文化的总称，是中华文明在发展过程中汇集而成的一种反映民族特质和风貌的民族文化，是中华民族历史上各种物态文化、精神文化、行为文化等方面的总体表现。

　　中华文化是居住在中国地域内的中华民族及其祖先所创造的、为中华民族世世代代所继承发展的、具有鲜明民族特色而内涵博大精深的传统优良文化，历史十分悠久，流传非常广泛，在世界上拥有巨大的影响。

　　中华文化源远流长，最直接的源头是黄河文化与长江文化，这两大文化浪涛经过千百年冲刷洗礼和不断交流、融合以及沉淀，最终形成了求同存异、兼收并蓄的中华文化。千百年来，中华文化薪火相传，一脉相承，是世界上唯一五千年绵延不绝从没中断的古老文化，并始终充满了生机与活力，这充分展现了中华文化顽强的生命力。

　　中华文化的顽强生命力，已经深深熔铸到我们的创造力和凝聚力中，是我们民族的基因。中华民族的精神，也已深深植根于绵延数千年的优秀文化传统之中，是我们的精神家园。总之，中国文化博大精深，是中华各族人民五千年来创造、传承下来的物质文明和精神文明的总和，其内容包罗万象，浩若星汉，具有很强文化纵深，蕴含丰富宝藏。

　　中华文化主要包括文明悠久的历史形态、持续发展的古代经济、特色鲜明的书法绘画、美轮美奂的古典工艺、异彩纷呈的文学艺术、欢乐祥和的歌舞娱乐、独具特色的语言文字、匠心独运的国宝器物、辉煌灿烂的科技发明、得天独厚的壮丽河山，等等，充分显示了中华民族厚重的文化底蕴和强大的民族凝聚力，风华独具，自成一体，规模宏大，底蕴悠远，具有永恒的生命力和传世价值。

在新的世纪，我们要实现中华民族的复兴，首先就要继承和发展五千年来优秀的、光明的、先进的、科学的、文明的和令人自豪的文化遗产，融合古今中外一切文化精华，构建具有中国特色的现代民族文化，向世界和未来展示中华民族的文化力量、文化价值、文化形态与文化风采，实现我们伟大的"中国梦"。

习近平总书记说："中华文化源远流长，积淀着中华民族最深层的精神追求，代表着中华民族独特的精神标识，为中华民族生生不息、发展壮大提供了丰厚滋养。中华传统美德是中华文化精髓，蕴含着丰富的思想道德资源。不忘本来才能开辟未来，善于继承才能更好创新。对历史文化特别是先人传承下来的价值理念和道德规范，要坚持古为今用、推陈出新，有鉴别地加以对待，有扬弃地予以继承，努力用中华民族创造的一切精神财富来以文化人、以文育人。"

为此，在有关部门和专家指导下，我们收集整理了大量古今资料和最新研究成果，特别编撰了本套《中国文化百科》。本套书包括了中国文化的各个方面，充分显示了中华民族厚重文化底蕴和强大民族凝聚力，具有极强的系统性、广博性和规模性。

本套作品根据中华文化形态的结构模式，共分为10套，每套冠以具有丰富内涵的套书名。再以归类细分的形式或约定俗成的说法，每套分为10册，每册冠以别具深意的主标题书名和明确直观的副标题书名。每套自成体系，每册相互补充，横向开拓，纵向深入，全景式反映了整个中华文化的博大规模，凝聚性体现了整个中华文化的厚重精深，可以说是全面展现中华文化的大博览。因此，非常适合广大读者阅读和珍藏，也非常适合各级图书馆装备和陈列。

目 录

历代兵勇

春秋战国时期的兵勇　002

秦代两汉时期的兵勇　008

宋元明清时期的兵勇　016

历代军制

024　先秦时期军事制度

030　秦汉时期军事制度

038　魏晋南北朝军事制度

045　隋唐时期军事制度

051　宋元时期军事制度

057　明清时期军事制度

历代兵器

夏商周时期青铜兵器　066

汉代兴起的铁制兵器　071

明代高度发展的火器　076

奇正之变

084　春秋时期的鱼鳞阵

091　战国时期的八卦阵

097　楚汉之际十面埋伏阵

103　明代创设的鸳鸯阵

历代兵勇

兵勇是国家的柱石,是维护国家安全的重要保证。我国古代各个封建王朝都格外注重兵勇的重要性,制订了合乎时宜的征兵和募兵制度,并以确保战斗力为核心,构建起完善有效的组织实施系统。

我国古代的征募兵制度类型繁多,不同时期也有变化,如兵农合一制、全民皆兵制、卫所制、旗兵制等。征兵制下的兵勇有事召集,事定归农,来路清楚,国家在平时无养兵之费。募兵制下的兵勇以当兵为职业,数量和服役的时间可以不受农业生产的限制。

春秋战国时期的兵勇

在春秋时期，各诸侯国借机建立了自己的军队。各国军队的最高统帅不再是周天子，而是各诸侯国的国君，这时期诸侯国军队的主要成分是士族和农民。

在战国时期，各诸侯国建立了统一的军队，国君掌握着军队的征调大权，国君之下设立独立的军事系统。这个时期普遍实行的兵役制度是郡县征兵制，农民是主要的征集对象。

公元前770年，周平王将西周王室东迁，建立东周，春秋时期开始。由于此时的周王室已经日渐衰弱，加上一些诸侯、卿大夫势力的日益增强，几个大的诸侯相继成为中原霸主。这些大诸侯国的军队主要由公室军队和世族军队组成。

公室军队多建于西周诸侯受封立国时，主要成员是国人中的士和农。士以习武打仗为主要职业，作战时充任甲士。农就是庶人，除老弱残疾者外，所有成年男子都须接受军事训练，三季务农，一季讲武，每隔3年进行一次大演习。

遇有战事，要随时听从调发，充任步兵，役期依战事的长短而定。世族军队是卿大夫在自己的封邑上设置的军队，从军人员也以封邑及其周围的士和农为主。当时的某些较大的城邑还有邑甲，有的属于国君，有的属于卿大夫。这样一来，邑甲就成为了公室军队与世族军队的补充。

春秋末期，井田制日趋瓦解，军赋再次扩征。有的实行用田赋，如晋国六卿实行的田赋制，就是按田亩数量征兵、征赋，其对象主要是广大农民。

生活在军事组织与地方行政组织相结合制度下的农民，平时生产和参加军训，战时聚集成军，在太庙命将，发放车马、甲胄、兵器，战毕解甲归田，保留着"寓兵于农"的传统。

中小以上贵族充任甲士，他们一般不参加生产劳动，平时身佩兵器，从事习武和各种军事活动，或参与政务，战时则为军队骨干，并充任各级军职。

春秋时期，各国的军事组织是被周王室分封的。各国卿大夫有其独立的军事组织，有宗族部队和私属部队。这些部队都是凭着封建从属关系组织起来的。各国军队的主要成分除国人外，还征发所属的农民服役。

中原各国的国君，由于宗族的内讧和对外战争，以及国人的叛离和农民的反抗斗争，权力逐渐削弱了。而某些卿大夫却在逐渐强大，国的军事组织不可避免地为卿大夫所分割以至于瓦解。

与此同时，地方郡县的军事组织在不断生长和发展，郡县的军队逐渐成为了很有作战能力的部队。

战国时期，各国中心区普遍设县，边地也越来越多地分设郡，县和郡就成为征兵的地区单位。于是，郡县征兵制度推行到全国。

各诸侯国随着县、郡等地方行政系统的建立，普遍实行博籍制度。博籍就是到应征年龄的男子必须登记，以备征调。比如秦国规定，凡17岁男子必须向官府登记，称为"博"，博籍后，从23岁起，守卫京师一年，称"正卒"，守卫边防一年，称"戍卒"。据《睡虎地秦墓竹简》中记载，实际上男子15岁就博籍，以后随时有被征调入伍的可能。商鞅曾提出将丁男、丁女、老弱分别编组成军的建议。

一般来讲，服兵役的年龄，大概从15岁至60岁。但当遇到大战，往往征发全国壮丁，倾国以赴。若是一般小战，则只征发与敌国邻近的郡县壮丁去作战。其他郡县就休养生息，以备将来。

各国的常备兵大多是考选出来的，有特殊的待遇。通过几种严格的考核，中试的就可以免除全户的田宅租税。当时各国出兵时，往往以常备兵带领新征发来的士兵作战。

战国中期以后，出现了一种新型兵役制度，这就是募兵制。募兵与传统的征兵不同，征兵是依法服兵役，这是公民对国家应尽的义务。募兵是国家用钱和物雇佣的兵勇。募兵与国家则是金钱与契约的关系，有钱则战，无钱则散。

随着战争发展对士兵素质要求的提高，春秋末期的选练勇士风气，至战国时有了发展。各国从应征人员中，通过训练和考核，选拔勇武士卒，组成精锐军队。如魏国的武卒，齐国的技击，赵国的百金之士，秦国的锐士等。

其中魏国考选武卒很严，要全副武装，带3天的粮食，半日内跑四五十千米。中试者免除其家庭的赋役，还分给好的田宅。

通过考核、选拔和训练招募来的兵勇，具有相当优秀的素质。由这些兵勇组成的军队，待遇优厚，平时习武，守卫国家，战时则为扩编的基础和作战的主力。

战国时期，由于战争规模和战争方式的转化，大规模野战和围城战的频繁发生，要求部队具有快速、灵活的作战素质和战场突击性，这就加速了单骑迅速发展为骑兵的进程。

最早建立骑兵部队的国家是赵国。当时赵国的周边强国林立，东南为齐、中山，南为韩、魏，西为秦、林胡，北为楼烦、东胡，东北为燕。林胡、楼烦、东胡号称"三胡"，他们是崛起于大漠南北的游牧民族，勇猛彪悍，擅长骑射，对秦、赵、燕构成很大威胁，赵国受害尤烈。

我国北部的地形特别利于三胡的轻骑，而不利于中原的车战，因此，赵武灵王为对付三胡的侵扰，毅然实行"胡服骑射"，在总结历史经验和吸取胡人长处的基础上，首先建立了强大的骑兵部队。

赵国自从建立骑兵以后，灭中山国，败林胡、楼烦二族，辟云中、雁门、代三郡，并修筑了"赵长城"。赵国的骑兵部队发挥了巨大作用。

各国也纷纷建立大规模的骑兵部队。当时，骑兵作为新兴的技术兵种，对骑士的选拔十分严格。凡被选中为骑士的，都享有很高的待遇。

战国时骑兵的编制因地形或国别的不同也有差异。列国的骑兵兵种作为步兵的辅翼力量，配合车、步兵长驱深入，绝敌粮道，追敌败兵，或袭击敌人之两翼，或掩袭敌人之前后，成为当时一支最活跃的军事力量。

拓展阅读

赵武灵王的骑兵可以说是一支快速反应的部队。他为了打败秦国，决心亲自到秦国去考察一番地形，并且观察一下秦昭襄王的为人。他打扮成赵国的一名使臣，带着几个骑手前往秦国咸阳。

秦王接见"使臣"后，发觉他的言谈举止不像个普通人，心中犯疑。过了几天，秦王派人去驿馆请他，却是人去楼空。后来秦王才知道这人是有名的赵武灵王，不免大吃一惊，立刻叫大将白起领精兵连夜追赶。可他们哪里知道，赵武灵王已经带着骑兵飞驰出秦境了。

军事：强军战略雄风

秦代两汉时期的兵勇

秦朝是我国历史上第一个统一的封建国家，皇帝拥有最高的军事权力。不仅体系完善、有效，而且在征兵制度、兵种分配及使用方面也极具实战特点。

汉代兵制承袭秦制，但也多有创新。西汉南北军的扩展和屯田制的出现，尤其是一些免役政策，是汉代休养生息思想的体现；东汉以募兵制取代征兵制，这是汉代兵制的重要变化。

统一后的秦代军队分为京师兵、地方兵以及边兵三部分。京师兵主要由郎官、卫士和守卫京师的屯兵组成。郎官由郎中令统领；卫士由卫尉统领，负责宫廷内外的警卫；屯兵由中尉统领，负责守卫京城。地方兵一般由郡、县尉协助郡守或县令统率，平时维持地方治安，战时听从朝廷调遣。征调地方兵，需以皇帝虎符为凭。边兵主要负责边郡戍守，由边郡郡守统领，下辖都尉和部都尉。

在兵役制度方面，秦律规定，男子17岁必须到国家机关登记，称为"博籍"，每年在郡县服力役一个月，主要从事土木石工程劳作，称为"更卒"。男子在一生中轮流在郡县服兵役一年做材官、骑士、楼船士；在京都或边郡服兵役一年当卫士或当戍卒。

卫士负责警卫皇宫和官衙，戍卒负责屯戍边疆。不服役时，博籍者是预备役人员，遇有战事，朝廷临时征发，奉调出战。

此外，秦朝还实行谪戍制度，即谪罚商人、贫民、有罪之吏征战或戍边，并在紧急情况下赦免刑徒和奴隶为兵。

秦朝尚有免役制度，秦律规定，有爵者56岁免老即止役，无爵者60

岁免老。贵族子弟、官吏、残疾人等，可免服兵役和徭役。

在兵种方面，秦军有4个基本兵种，这就是轻车、材官、骑士和楼船。轻车就是车兵，材官就是步兵，骑士就是骑兵，楼船就是水兵。平原诸郡多编练骑士、轻车，山地诸郡多编练材官，沿江、海诸郡多编练楼船。

秦代车兵虽已不是军队的主体，但仍然是战斗编组中不可缺少的一个重要兵种。车兵既可以独立使用，又可以同其他兵种配合使用，是车、步、骑联合作战中的重要力量。

从秦始皇陵兵马俑出土的情况看，车兵既有单独的编队，也有与步兵相结合的编队，还有与骑兵相结合的编队，以及有与步、骑同时相结合的编队。

车兵主要用于平原地区的作战，进攻时用以冲陷敌阵，打乱敌军的战斗队形；防御时用战车布为阵垒，阻止或迟滞敌军的冲击；行军时置于前锋和两翼，有利于保障部队的安全。

步兵是秦军构成中的主体，秦始皇陵出土的绝大部分武士俑都是步兵俑。步兵灵活性大，能适应各种地形、气候和战斗形式，尤其利于在复杂环境下行动，因而其分类和装备都较其他兵种复杂，使用也较其他兵种广泛。

步兵主要分类有重装步兵和轻装步兵两种。重装步兵多数身穿金属铠甲，手持戈、矛、钺、铍等长柄兵器，担负着同敌军重兵集团格斗的任务。轻装步兵一般不穿铠甲，持弓、弩等远射武器，配合重装步兵杀伤格斗距离较远的敌军。

步兵中百将以上的各级军官，主要职责是指挥部队作战，安全和自卫甚为重要，所以只穿甲带剑，不持长柄兵器。屯长以下的小吏，既指挥战士作战，又亲自率领战士冲锋格斗，所以既佩剑又持长柄兵器，并和所率的战士一样，有的穿甲，有的不穿甲。

不论进攻、防御，还是攻城、守险、迂回、包围、伏击、奇袭，在各种作战形式中，步兵往往承担主要的作战任务，并最终结束战斗。在值勤、警戒、巡逻等各种勤务中，也往往以步兵为主。

因此，步兵是秦代军队中最主要的兵种，在车、步、骑协同作战中，步兵一般居于主导地位。

骑兵也是秦代的重要兵种之一，在统一前，秦军队有骑万匹，统一后有较大的发展，在北击匈奴的战争中都有较多的骑兵参加。

从秦始皇陵兵马俑的出土情况看，秦代骑兵已经配有齐全的鞍。战马也经过严格的训练和精选。

骑士个个精强勇悍，一律穿短甲，手持弓箭。当时尚无马镫的出现，骑士两脚悬空，没有着力点，很不利于马上格斗。加之用于斩劈的厚背长刀在当时也没有出现，不论使用长柄击刺性兵器矛、戈、戟还是短柄的剑，从马上对敌步兵冲杀都很不便。

因此，骑兵的技术、战术发挥受到一定影响，主要是发挥其快速机动、突然猛烈、远距离射杀敌步兵集团的优势。这些情况表明，秦代的骑兵和战国时的骑兵一样，尚处于发展的初级阶段，但其地位和作用后来日趋重要。

在秦始皇陵兵马俑中，骑兵既有独立的编队，也有与其他兵种的混合编队，是构成秦代军队的重要兵种之一，在车、步、骑协同作战中具有重要的地位。尤其在平原旷野和一般丘陵山地中作战，骑兵更是一支强大的机动力量。

水军是秦代武装力量的组成部分，其数量仅次于步兵，远远超过车兵和骑兵。秦统一前的水军主要在巴蜀地区，统一后遍布江南各地，规模十分庞大。

水军的战船主要区分为大型的楼船和轻捷的蒙冲、斗舰等两类，水上作战时，大、小部队及轻、重战舰之间互相配合。

水军的武器装备齐全，除水战特用的钩拒等武器外，凡陆地上作战使用的弓弩、长短兵器、火攻用具等无不具备。水上战斗时远则以矢弩交射，近则以钩拒等近战兵器进行攻守格斗，一旦有机可乘，便施以火攻。

水军不仅担负水上作战的任务，实际上它是江南水泽地域的综合性兵种，除水上战斗外，登岸野战、攻城守险等无所不能。战于水上则相当于车、骑，战于陆上则相当于步兵。

汉代的国民兵役分3种，一是到朝廷做卫兵；二是到边郡做戍卒；三是在原地方服兵役。每一国民都该轮到这几种。第三种由于是在本地服役，所以年龄上要求从20岁开始。

朝廷卫兵有两支，一称南军，一称北军。南军是皇宫的卫队，北军是京城的卫戍部队。当时南北军全部军队合共不到7万人。各地方壮丁轮流到朝廷做卫兵一年，当卫兵是极优待的，来回旅费由朝廷供给，初到和期满退役，皇帝备酒席款宴，平时穿的吃的，也不要卫兵们自己花钱。

汉武帝改革京师部

队,将北军扩大为北军八校尉,士兵分别来自征调的义务兵和外卒兵。在八校尉中,中垒校尉统管北军营垒内的日常军务,其余屯骑、步兵、越骑、长水、胡骑、射声、虎贲等七校尉,分别统领七支特种部队,屯驻于长安城内外及京畿地区,镇守京师,也有出征任务。

边郡戍卒有戍边和屯垦两个任务。汉武帝时因不断对匈奴作战,边兵所需粮草,由内郡辗转运送,费力又耗时,边兵常常有断粮之忧。

于是,在西北边区大量增设新郡,建立起屯田的领导系统,征发数十万戍卒,称为"屯田卒"或"田卒",担负戍边和农垦的双重任务。屯田兵实行军事编制,由屯田校尉、护田校尉、农都尉等统领。

屯田制度的推行,加强了边防,也解决了边兵的食粮问题。但在汉武帝以后,屯田时起时落,没有形成定制。边防兵的兵役负担比内地正卒重,除兼有戍守与屯田的双重任务外,实际服役时间也较长。边防兵的来源,也不限于沿边诸郡。

此外,在汉宣帝时,西汉在西域设立都护府。朝廷派都护骑都尉到西域都护府监理各属国,随行者有属官吏士,都护之下的校尉统领一定数量的屯兵。

汉代对服役者有很高的身体要求,身高不符规定者均可免役,残疾人和身高不足者不服兵役。在居延汉简中,戍卒名籍包括他们的家庭成员,一概不计身高,可能当时的身高标准在实际征兵时已被废除。汉代选募兵勇的方式,要求择取身体好、胆量大、技能优的勇敢之士从军。有时征募不足,则发刑徒为兵即谪兵,并实行七科谪,即谪发有罪之吏、无籍之人、赘婿、商人为兵。

西汉末年,为防匈奴,还曾招募奴隶为兵。

针对免服兵役的对象,汉高祖时规定:"军吏非七大夫以下,皆复其身及户，勿事。"汉文帝时规定："民受爵至五大夫以上，乃复一人耳。"

汉武帝时增设武功爵11级，位居第七级千夫以上者，免其人户的兵役。没有高爵的民户，可以用钱物买五大夫或千夫爵位以免兵役，称作买复。若家有90岁以上老人，其孙子可得免役。

汉代除却规定的义务兵役外，民间还有义勇队，志愿从军的。国家有事可以自由报名。这叫良家子从军。那些都是比较富有的家庭，尤其是居家近边境的，平常在家练习骑马射箭，盼望国家有事，报名从军，打仗立功，可以做官封侯，这风气在边郡特别盛。

东汉盛行募兵制，但所募之兵有常募和临时募集之分。募兵的主要来源是社会各层人员。东汉还招募少数民族兵丁，比如东汉将领任尚曾数次募部分羌族人以平叛乱其他诸羌。

拓展阅读

秦代的水军作战能力很强，曾经在数次实战中发挥了重要作用。

例如，秦始皇南平百越时，动员楼船士50万，既完成了水上作战任务，也完成了陆上作战任务，对开拓和统一岭南广大地区发挥了重大的作用。

此外，秦始皇第五次出巡天下时，曾一度在水军的护卫下，长途航行于海上，并亲手以连弩射杀巨鱼。这说明秦代的水军已经具有海上作战的能力，能够有效地控制东部沿海的海防。秦代水军彰显了秦帝国风采。

宋元明清时期的兵勇

宋元明清时期战争频发，各个朝代不仅承袭了上一个朝代的兵制，而且还根据当时局势做了大量更改。

宋元时期，民族矛盾尖锐，严峻的现实向执政者提出了如何征兵的问题。

至明清时期，我国封建专制制度进一步强化，民族矛盾、阶级矛盾错综复杂。因此，这一时期的征兵方式复杂多样。

宋代全面推行募兵制，使军队走上了专业化、职业化的道路，这是兵制史上的重大进步。

军队职业化以后，北宋士兵来源主要采取招募方式，招募对象主要为：当地土民、营伍子弟、饥民和罪犯，依身体素质强弱分列各军种。招募当地土民为兵，就地方便，直接招募。

招募营伍子弟为兵是宋代的军事传统，由法律明确规定。凡阵亡军士的子、孙、弟、侄，20岁以上最为年长者强制规定充军，15岁以上无残疾可自愿从军。

招募饥民为兵是宋代一项国策，朝廷欲通过灾年募饥民为兵，达到维持庞大武装力量与保障社会安定的双重作用。

招募罪犯为兵，此种兵称为配军。北宋的禁军、厢军中都有配军，配军地位非常低，主要职能为供军中杂役。

朝廷掌控募兵权，由朝廷派遣的知州、都监负责募兵事宜。首先诸府州军监组织募兵，长吏、都监负责挑选，然后由军头司复检，最后按身体素质规格依次编入诸军。

最初定制"兵样"作为募兵标准，按兵样规格统一募兵，按等招募，不同规格，不同俸钱。随后，以"等长杖"代替兵样，按身长和体格决定兵的等级和俸钱，以身高为第一标准，其次考虑体力强弱、动作敏捷等要素。

宋《军防令》中对各军军士的身高标准均作了明确的规定。同时也规定，应募者若强壮有力，身高标准也可适量降格。

上述招募而来的兵勇，构成了北宋武装力量，这就是禁军、厢军、乡兵和番兵。这四部分组成分为朝廷和地方两级体制，禁军为朝廷武装力量，厢军、乡兵和番兵归为地方武装。

禁军、厢军同属国家军队的主体，一经招募，按规定需至60岁才能退役，实质为终身专职雇佣军。乡兵、番兵由地方官吏和部落首领按规定征发，实质为终身兼职义务兵。北宋大规模招兵养兵，常备兵额超过之前历代。

南宋时期军事制度较之北宋有很大变化，禁兵已不居主要地位，厢兵仍然保留，番兵已不存在，而乡兵建置更为繁杂。

元代军队主要由蒙古军、探马赤军、汉军、新附军四部分构成。此外在侍卫亲军中还有不少按族属组编的色目人部队。

蒙古军是由蒙古人包括部分色目人组成的部队；探马赤军初指从蒙古诸部抽取精锐组成的前锋、重役或远戍部队，后来也有色目人、汉人等加入；汉军即由原金朝地区的汉人和部分女真人、契丹人组成的部队，还包括早期改编的南宋降军；新附军，即灭南宋前后改编的原宋军。

北方是蒙古军、探马赤军的重点戍防地区；淮河以南主要由汉军、新附军屯戍，并配置部分蒙古军和探马赤军；边境地区由分封或出镇其地的蒙古宗王所部和土著部族军配合镇守。各级军官一般实行世袭制，但朝廷能调动和另行任命。

元代，出军当役的人户被称军户，父子相继，世代相袭，不准脱籍。蒙古军、探马赤军和汉军军户，占田地4顷（1顷约为6.67公顷）以内的可免交地税，一般可免除科差杂役。并分别设立专门的管领机构，称为奥鲁，负责监督军户出丁当役，保证战时有充足的兵源。

明代创立了独具特色的卫所制。朱元璋统一全国后，采纳刘基建议，立军卫法，在全国建立卫所，控扼要害。卫所的军丁世代相继，给养仰赖屯田。

明初的卫军主要来自朱元璋起义的从征军，元代和割据势力投降的归附军，因犯罪而被谪发的恩军，以及抑配民户入伍的垛集军。

朝廷颁行的《垛集令》，成为卫军的主要征集方式。按《垛集令》的规定，3户为一单位，其中一户称正户，出军丁，其余为贴户，正军死，贴户丁补。永乐帝以后，正户与贴户的壮丁轮流更代为军。

军民严格分籍，当军之家皆入军籍，称军户，属都督府，不受地方行政官吏管束，优免一丁差徭，身份和经济地位都与民户不同。

军户固定承担兵役，父死子继，世代为兵，并随军屯戍，住在指定卫所。若军户全家无男丁，由官府派官员到原籍勾补亲族或是贴户顶替，称为"勾军"或"清军"。

明代卫军实行屯田制度。按规定，边地军丁三分守城，七分屯种。内地军丁二分守城，八分屯种。每个军丁授田一份，由官府供给耕牛、农具和种子，并按份征粮。洪武至永乐年间，全国军屯约有八九十万顷（1顷约为6.67公顷）。除大量军屯外，还实行商屯作为补助手段，即按开中法，由商人在边地募人垦荒缴粮，以补充军粮。

明中期以后，由于大批屯田被侵占，朝廷大规模推行募兵制，募兵逐渐成为军队主力。大凡战斗力较强的军队都由招募而来。

明代军队分为京军和地方军两大部分。京军为全国卫军的精锐，平时宿卫京师，战时为征战的主力。洪武初年，京军有48卫。后来迁都北京，京师接近前线，京军多达72卫，并正式成立了"五军营"、"三千营"、"神机营"三大营。

此后，京军制度累有更易。有拱卫皇帝的侍卫亲军，如锦衣卫和金吾、羽林、虎贲等12卫军，以及隶属御马监的武骧、腾骧、左卫和右卫等4卫营。

地方军包括卫军、边兵和民兵。卫军配置于内地各军事重镇和东南海防要地。边兵是防御北方蒙古骑兵的戍守部队，配置于东起鸭绿江、西抵嘉峪关的9个军镇，史称"九边"。

民兵是军籍之外，由官府佥点，用以维持地方治安的武装，内地称民壮、义勇或弓兵、机兵，西北边地称土兵，西南少数民族地区有苗兵、狼兵等。

此外，还有不同行业和阶层组建的矿兵、盐兵、僧兵等，遇有战争，常被召出征，战争结束仍回原址。

清代是我国历史上最后一个封建王朝。清代集兵方式既因袭历代王朝的旧制和本民族的传统，同时也受到西方的影响。

清初军队主要是八旗兵和绿营兵。八旗兵以镶黄、正黄、正白、正红、镶白、镶红、正蓝、镶蓝等8种旗帜为主要的标志。"旗"本为满族兵民合一的社会组织，兼有掌管军事、政治、生产三个方面的职能。凡旗人男丁皆可为兵，平时生产，战时打仗。以旗统人，即以旗统兵。八旗各有旗主，皆为世袭，旗兵为其私有。

八旗兵分为驻京八旗和驻防八旗。驻京八旗也称京营八旗、禁旅八旗，分为郎卫和兵卫。

驻防八旗由镶白、正红、正蓝、镶蓝、镶红等下五旗担任，分驻全国冲要城镇，以畿辅、东北、内蒙古为最多，作为震慑地方的武力，分由各地将军、都统、城守尉统率。

八旗兵为世兵制，在16岁以上的

八旗男性子弟中挑选。余丁和不满16岁的幼丁，可以挑补为养育兵，即预备兵。

绿营兵是参照明代军卫制度改编和新招的汉兵，以绿旗为标志，以营为建制单位，因而得名。有骑兵、步兵和守兵之分，骑兵和步兵也称战兵，沿江和海处设有水师。

八旗兵和绿营兵都实行薪给制，按年或月发一定的银饷和米粮。武器装备主要有弓、箭、刀、矛等冷兵器，炮、鸟枪、铳枪、抬枪及火箭、火球、火罐、喷筒等火器，此外还有云梯、藤牌、鹿角等。八旗兵的薪饷和武器装备均优于绿营兵。

1840年鸦片战争以后，八旗兵与绿营兵战斗力下降。此后组建的湘军、淮军、防军、练军又相继不堪用，最后的新军也随清朝的灭亡而终。

拓展阅读

话说戚继光指挥作战的大皮鼓被偷盗，调查结果却是猴子所为。

山坡上，一老猴王擂着大皮鼓，小猴们则学着戚家军演练排阵的架势。戚帅计上心来，命将士们捉了许多山猴置于笼内放在校场边，让猴子天天观看将士们操练，又派驯猴人训练猴子和使用发射火器。

数月之后，敌寇再次来犯，戚帅把军队埋伏于山林中，把火器分发给猴兵，正当敌寇在山谷中安营扎寨时，军鼓响起，猴兵纷纷窜入敌营放起火来，敌人抱头鼠窜。

戚帅挥军掩杀，最后全歼敌寇。

历代军制

军事制度是国家或政治集团管理军事力量的制度,它涉及军事领域各个方面,包括军队的领导体制、考核标准、军事法规、后勤保障等各方面的制度和法规。

军事制度的制定和发展受多种因素的影响。在我国从先秦到清代长达4000多年的历史长河中,社会政治制度、经济条件、战争实践、军事理论、历史传统、地理环境等多种因素,无不影响着我国历代军制的形成和制订,反映了我国历代王朝的国家意志,成为保卫国家安全的重要保障。

先秦时期军事制度

先秦包括夏、商、西周和春秋战国时期。作为我国奴隶社会发生、发展、兴盛和衰落的几个不同历史阶段，它们的军事制度也随着客观形势的发展而发生了相应的变化。

从夏商西周至春秋战国时期，社会的政治和经济形势等各方面都发生了翻天覆地的变化，军事制度也从军队指挥系统、训练方式、后勤保障及军法军规等方面进行着演变。

夏代军队训练，除了使用兵器的基本技术训练外，打猎当是实兵演练的主要形式。军队的纪律已相当严格，夏启时曾用降为奴隶等作为军队的惩罚手段。这是奴隶社会制度下奴隶主贵族权力在军队管理上的反映。

夏代在战争动员上先是下令征集兵员编成军队，然后向军队发布命令，要求先完成国王所思虑的事情。这是夏代奴隶制国家对待人民与军队的态度。

商汤建立商后，为了巩固商政权，军事活动在国家政治生活中占有重要地位。商王是军队的最高统帅，直接决定军事行动，亲自或指派将领主持兵员征集、战斗动员并率军出征。

军队的高级军职由王室贵族担任，族邑之长则为各级地方武装的首领。族邑之长平时管理具有平民身份的众人及奴隶从事生产劳动，战时受商王调遣，率领由众人组成的军队出征作战。

商代军队大部分是临战前征集的，为适应作战，已有一套军事教育与训练的办法。一般性的军事教育与演习通过田猎进行。

甲骨文卜辞中有关于商代军队的围猎形式，"烧山引兽，放火寻角"，可知这时大规模田猎采取古老方式。田猎之前聚集众人，并按军事编制为右、中、左三行。以车马和射手为主力并配备大量人力，根据地形布阵、举火、设防，以野兽为捕捉对象。

除了通过田猎的军事演习,卜辞还反映出商代也有一定的专门军事训练和军事教育。例如卜辞中有"王爻众伐于髳方",爻是教的初文,意思是出征方国之前,王亲自教谕训练出征的众人。

商王常任命专职将领承担训教之职,而主要由奴隶主贵族子弟担任。另外,射手的训练和教育还有专门的场所或学校。

西周国家由周天子直辖的军队,有宗周6个师和成周8个师。

前者是宿卫周都镐京的,因位于西部,故又称"西六师";后者是驻守在新筑的成周城,用于震慑集中在该处的商贵族的。两者共计14个师。这14个师军队,周王划分为两大军区,由周王亲自委任大贵族官僚任指挥官。

有军队组建权的诸侯大国,也规定有军队限额。比如方伯可以有两个师,诸侯可以有一个师。

周天子是全国军队的最高统帅。诸侯必须服从天子的命令,否则要受到惩罚，直至武力征服。同时，凡建有军队的诸侯，其统帅军队的卿，也要由周王任命，这就是所谓的"命卿"制。

为了有效地发挥军队的职能，完善军队领导体制，西周还设有司马制，以管理国家军赋，组织服役人员进行军事训练和演习，执行军事法律。

大司马是周王的重臣，以下还逐级设有军司马、都司马、家司马。各级司马受周王节制。这一制度保证了西周分属各诸侯国的军队的统一指挥、统一行动。

西周重视军事训练，注意军队的纪律建设，因而产生了一系列有关军事训练的制度，制订了具体的军事法规。有的以学习为主，有的是战备演习。

贵族是军队的骨干，他们从小就接受军事教育。周王在宗周设立辟雍，诸侯于国都建立泮宫，这些都是学习礼、乐、射、御、书、数"六艺"的场所。其中又以乐和射御为重点。

古代乐舞结合，让贵族子弟使用兵器跳舞，并把学习歌颂周武王伐商的战争舞蹈列为必修课。乐舞训练既是舞蹈，又是操练兵器的基本功训练形式之一。

射御技能在当时备受重视，是举贤任能的重要依据。射是练习弓

027

箭，御为驾车，并经常根据射御技术的高低来进行赏罚。

为了鼓励人们精于射术，周王室还制订多种"射礼"来促进人们"习射上攻"，从而提高士兵们的素质，增强部队的战斗力。

冬狩有比较完备的军事学习程序，包括集合列队、操练、检阅的标准，号令旗帜的辨别，车徒行进方式和在不同地形时车徒的先后次序，乃至凯旋、献禽、庆赏和处罚等。

诸多项目的训练如同实战一样，统一指挥，协同围猎，这既检验了部队总体作战的能力，也增长了将帅的指挥才能和士兵使用武器的熟练程度，从而使部队始终处于纪律严明，战斗力旺盛的良好状态。

一般在周王出征前夕，也常常以狩猎方式检验部队的战斗力。

西周时期军纪相当严格，这一点在军事训练中也有所体现，它规定凡部队集合时迟到者受诛，违反命令不勇敢冲杀的更要受到严惩。

战国时期，各诸侯国文武分职，实行相、将分权制度。当时统率军队的长官称将、将军、上将军、大将军、都尉。齐、赵、魏、燕等国都设有这样的职务。秦国设立将军官职的时间较晚，大良造为最高武职。战国时期各国普遍建立了常备兵，为了使常备兵拥有强大的战斗力，各国都普遍强调对军队进行严格的训练，执行严肃的军纪。

在当时，秦国的"锐士"，魏国的"武卒"、"苍头"、"奋击"，齐国的"技击"，都是战斗力很强的常备兵。齐兵就被形容为"进如锋矢，战如雷霆，解如风雨"。

各国都普遍注意军队的赏罚。如齐国规定兵卒凡敌一首则受赐金。再如燕破齐时，燕昭王亲自前往前线劳军。又如秦国制订军功爵20级，规定不分贵贱，按军功大小实行奖赏。士卒获一敌首，就赐爵一级、授田1顷（1顷约为6.67公顷）、住宅地9亩（1亩约为0.67公顷）、隶役一人。各级将吏也论功行赏，无功者受罚。士卒畏战退却，要处重罚。秦军5人编成一伍，5个人中有一人逃亡，就刑及其余4人；如果4人中有人能获得一敌首，则可免刑，这是在军队中推行"连坐法"的做法。

战国的军事法规，也在当时成书的兵书中得到了较多的反映。如《尉缭子》书中有《重刑令》、《伍制令》、《分塞令》、《经卒令》、《勒卒令》、《踵军令》等篇目，它们对维护战场纪律、军队内部制度，军营内部的警戒，各级军官的权限，战斗编组及军旗、徽章的使用，指挥号令的实施等问题，都有具体而严格的规定。在另一部军事名著《六韬》中，也有类似的记载。

这些军事法规，充分体现了战国军队建设的巨大历史进步，说明军事法规对于发挥军队战斗力的重要性，已为当时的军事理论家们所高度认识。

拓展阅读

白懋父是西周重臣，也是军队的主帅，曾多次率军东征、北征，又主持官员之间的讼事，断其是非，定其处置，其地位非一般官员可比。

据《白懋父簋》记载：东夷大反，白懋父率商军8个师伐东夷，至东垴，伐海湄，胜利而归，并因征伐东夷五峗获得了货贝，受到了奖赏。

西周军队的纪律非常严格。据《师旅鼎》记载：有一次白懋父率军出征，师旅的兵勇未能按指令随大部队征战，统帅白懋父事后严厉批评师旅长官并处以罚金。

秦汉时期军事制度

秦汉时期，是我国古代军事史上一个重要的发展阶段，不仅因为出现了秦皇汉武这样的军事统帅，也因为全面总结了春秋战国以来的历史经验，从而形成了完备的军事制度。

这一时期朝廷掌握着军事领导权，这在指挥、训练及后勤保障诸方面都有鲜明体现。秦汉时期的军事制度，在我国军事史上占有重要地位，奠定了我国封建军事制度的基础。

秦始皇统一天下后首创皇帝制，确立了皇帝的至高无上的地位，皇帝执掌着全国最高的军事权力。全国各地军队的调发，将帅兵权的授予，都必须以皇帝的虎符为信物。任何军队的调发，必须由皇帝所遣使臣持符验合方能生效。

传世的秦代"新郪虎符"，是秦始皇在建国前颁发给驻守新郪的将领的兵符，证明秦国军队从战国时就由国君直接控制。虎符铭文"甲兵之符，右在王，左在新郪"，意思是虎符分为两半，一半留在皇帝手里，一半发给新郪这个地方的官吏或统兵将帅。

除虎符之外，皇帝下达军令必须盖上由他专用的玺；一般远程的军事行动，必须持军令作为通行证。

秦代由皇帝集权的军事领导体制是与郡县制的行政体制相适应的。秦代已经建立了郡县制，并在郡、县、乡均有专职主管军政的职官。各郡都设郡尉一职以掌管军政，负责朝廷规定的兵员的征集、调遣和武器装备的制造、保管以及地方治安等项。各县设县尉，掌管一县军政。县以下的乡也设游徼主管军政、治安。

郡县都没有此前的诸侯国那样的军队和军权，军权是高度集中于朝廷之手，地方只负责管理军政事宜。这样就保证了以皇帝为主宰的朝廷集权的统一的军事领导体系，它在我国封建社会中延续达2000年之久。

秦统一以后战争减少，但国家对士兵的军事训练并未放松。国家法令规定，各郡因地制宜，各有侧重地训练不同的兵种。

大体上巴郡、蜀郡、颍川等地多材官，上郡、北地、陇西等地多骑士，江淮以南多楼船士。一旦有战事，国家按需要征调不同地区部队。平原作战征调车兵、骑兵，山地作战征步兵，南方水域作战则调水军。如此军训及征调方式，体现出全国统一后的又一军制特点。

秦代的军事后勤保障制度也很完善。当时秦军队的武器、铠甲、粮食、马匹，均由国家统一提供，国家设有专门的武库。

秦始皇十分重视军粮问题，他鼓励农民大量开垦土地，种植粮食，然后向人民征收相当数量的租赋。这些赋税除了用来满足统治者的挥霍外，其中很大一部分被用于供养一支庞大的军队。秦代在京城和荥阳建有粮仓，贮备了大批粮食，战时有专官负责补给、调拨。

此外，由于骑兵在秦代已大量使用，马政成为国之大政。秦代制订了《厩苑律》等法令，对马匹的放牧、调教、管理均作出了具体的规定。

汉承秦制，皇帝仍是最高军事统帅，皇帝通过其直接操纵的两大朝廷军事领导机构，控制全军。这两大机构，一个是由郎中令、卫尉、中尉等组成的朝廷警卫部队领导机构，再一个是由太尉、将军、将、尉等组成的全军最高军事行政领导机构。

朝廷警卫部队领导机构大致可分为宫廷警卫与京城警卫。宫廷内警卫称为南军，主要由郎中令负责，属官有议郎、中郎、侍郎、郎中。汉武帝时，南军由卫尉统领，负责守卫宫殿。卫尉属官有如公车司马令、卫士令等。

警卫京城的称北军，系京师精锐，无事自屯其所，有警应诏救急，因驻于未央宫以北，与宫中南军位置相对，故名。北军主要由中尉负责，汉武帝时更名为执金吾。执金吾除了担任宫殿之外、京城之内的日常警备，在皇帝出行时还要充任护卫及仪仗队。执金吾的属官有如中垒、寺互、武库、都船等军职。

为了有效地控制全军，皇帝在朝廷设置了以太尉为首，包括将军、将、尉等职的军事领导机构。

太尉是名义上的最高军事长官，但实际只负军事行政责任，并无发兵、领兵之权。调兵权完全操于皇帝之手，如无皇帝的符节，虽官为太尉也不得领兵、发兵。

将军的称号先秦已有，约在汉代才定为官名，而且有大将军与列将军之分。皇帝的近卫武官称将军，近卫武官之长则是大将军。

因其近卫皇帝左右，多为亲信，故能得委任领录尚书事，居宫中参与政事，逐渐成为朝官的重要角色。西汉大将军之位，基本上可与三公地位相当。

与大将军地位相仿的还有骠骑将军、车骑将军等，稍次有卫将军，如遇有边事，还备齐前后左右四将军。

比将军地位略低的军官是将，或称别将。再往下则属中级武官，有校尉、都尉。一般说校尉在都尉之上。他们战时带兵出征，平时与大将军同居朝中，为皇帝直接控制。

汉代军队的各级指挥员不仅在战时领兵作战，更要在平时负责军事训练。按西汉军制规定，未经训练或技术不娴熟的士卒不能应召。同时，军事训练的内容根据不同的军种而有所不同。

骑兵的训练重在骑射，骑兵的校尉必须是善骑射的好手，称为骑将。楚汉战争中，刘邦为加紧训练骑兵，曾拜出身于秦军骑士的李必、骆甲为左、右校尉。汉武帝也曾用匈奴降兵降将训练汉军骑兵。

材官的训练以发矢张弩为主。《汉律》中的蹶张士，即材官中的力健者，能以足踏强弩而张开，故名蹶张。由于弓弩是汉代重要兵器，它既可较远距离射杀敌人，又能避免自身的伤亡。所以使用弓弩的训练，对各军兵种几乎都是重要训练科目。

楼船舟师不但训练行船，也习战射。边防戍卒要熟练掌握烽火技术。除专科训练外，西汉军中还有蹴鞠、角抵、手搏等基础训练。蹴鞠就是踢球，即古代足球，本是一种民间娱乐，至西汉发展为军事训练项目。汉军普遍以蹴鞠练兵提高士兵素质。

当时宫苑内的"鞠城"和"三辅离宫"蹴鞠地，就是南、北军练习和比赛蹴鞠的场地。此外，角抵、手搏等民间武术、技巧，也已成为军训内容。

军事训练成效如何，必须经过检阅，所以西汉朝廷、地方两级军事领导机构的一项重要职责，就是通过军队校阅进行考核。

军队检阅分京师、郡国两级，每年一次，通常安排在秋季。京师阅兵仪式庄重，军阵壮观。京师的禁卫军还有自己的检阅活动，比如霍光父子掌南军时就曾多次检阅羽林。

与京师一样，各郡国车骑材官卒、舟师水军、边防戍卒每年秋季也都要进行大检阅，被称为"都试"。都试时，太守、都尉、令、长、相、尉都要参加，目的是经过考试论定士卒优劣。都试内容以射为主，加试骑乘、刀矛等技术。

都试中还往往用近乎实战的狩猎形式搞军事演习，以考察士卒的技术程度和武器装备。

东汉军制有了很大变化。东汉初建时,刘秀接受了西汉末年政治动荡的历史教训,对朝廷行政机构进行调整,朝廷军事机构有些被裁减。此外还削弱一部分地方军。东汉政权采取的这些措施,是为了避免军权分散,以达到强化皇权的目的。

拓展阅读

秦国在商鞅变法时,实行军爵制。就是把军功分为公士、上造、大夫、关内侯、彻侯等20等级,按军功授爵。凡因军功而获得爵位者,可以享受各种优惠的特权。

由于当时秦国实行以军功论赏的军爵制,官兵作战勇敢,此制成为秦统一战争胜利的重要原因之一。

秦统一后由于战争减少,军爵制已经发生变化,赐爵不再局限于立军功,而是扩大到了修驰道等有贡献者。这种变化表明,和平时期已没必要再像过去那样格外强调以军功赐爵了。

魏晋南北朝军事制度

魏晋南北朝时期长时间南北对峙，使得南北双方都注意充分发挥自身的优势，扬长避短，力图在南北抗争中战胜对方，从而促进了军事制度的发展和进步。

魏晋南北朝沿东汉军制，在继承前代的基础上形成了自己的特色。比如曹操依法治军、诸葛亮演练八阵图、孙权的世袭领兵制、刘宋为训练士兵专修的宣武场等，都在军史长河中留下了重要的一页。

三国时期的军制，对汉制有所继承和发展。由于各国立国条件不同，所处的地理环境各异，因而三国的军制，也各具特色。

曹魏的军队，分为朝廷军和地方军两种，朝廷军又分为中军和外军两部分。

朝廷军是屯驻于京师地区的朝廷直属军，是魏国军队的核心力量，它是由曹操的亲军转化而来。中军主要由武卫、中领、中护、中坚、中垒五营组成，中领军和中护军为五营的正副统帅。

地方军也称州郡兵，为地方武装，属州刺史和郡太守统辖。这些军队，原是在刺史、太守私人部曲的基础上组建而成。

后来曹魏实行给客制，地方官员往往把国家所赐的屯田客变成部曲，再加上从地方上招募的壮勇，使地方军有所发展。双轨制建立后，州郡的官员又把国家拨给的军队与地方军合二而一，大大加强了地方割据的势力。

曹操主张以法治军，制订了严格的军纪、军法，遵纪守法、服从指挥者受奖，怯战、逃亡、投敌或惑乱军心者则严惩不贷。

刘备在称帝前，曾以汉献帝的左将军和汉中王等名义行使职权，但实际上他军、政、财权一起抓，在其统治区内，他既是最高的军事统帅，也是朝廷的首脑。

军事：强军战略雄风

在他的将军府或王府，诸葛亮任军师将军，府中设有一整套军政人员，分掌军、民、财政。

刘备称汉中王，关羽、黄忠、马超、张飞分别担任前、后、左、右将军，分统军队驻在朝廷和地方，担任一个方面军的统帅。

刘备称帝后，在将军府的基础上组建朝廷，刘备为皇帝，诸葛亮任丞相录尚书事，辅佐刘备总理军政事务。国家的军队，也分中军、外军，由各种名号的将军统领。

为了提高军队的协同作战能力，诸葛亮也很重视对战阵的研究，史料记载他推演兵法做了八阵图，八阵图大概为诸葛亮操演军士所用的各种训练方式的统称。据说是以步、弩、车、骑4个兵种联合编组的战阵，主要是用来对付曹魏骑兵的集团冲击。

在军队的供应方面，蜀汉除征集居民的租调外，还设司金中郎将负责监造兵器，设司盐校尉负责盐、铁的生产和专卖，以其收入作为军费开支。另外，诸葛亮还曾在汉中和渭滨建立了分兵屯田的制度，由部队轮番耕种，以弥补军粮的不足和缓解远途运粮的困难。

孙权为最高的军事统帅，其下，由丞相或官阶较高的大将军等，负责统领指挥全国的军队。

孙吴的朝廷直辖军也称中军，以宿卫军为主，有羽林、武卫、虎骑等营，其成员大多由孙氏的故将所领部属组成。统率宿卫军的将领称为督或将军，多由孙氏家族的子弟担任。孙吴的统军将领中，以骠骑、车骑和卫将军的官阶较高，征、镇、安、平将军次之。

孙吴政权为了保障世家大族的特权，建立了世袭领兵制，即将这些世族官僚所统领的军队用国家的名义赏赐给他们，可以世代相承。这些军队，名义上虽属国家，实际上已具有私人武装的性质。

在实行世袭领兵制的同时，孙吴还实行了奉邑制及复客制，即赏赐给统兵的将领若干县邑和若干劳动人口，用其租赋的收入供给所领的军队。

孙吴也实行屯田制，有军屯、民屯两种。军屯由驻外地的部队屯垦，民屯则主要由被驱赶出山的山越承担。屯田的收入，一部分以供军需。在孙吴境内，对人民的赋税征收，仍然是军队粮秣衣着供给的重要的来源之一。

两晋时期由于士族掌权，重臣执掌国命，致使皇权受到了削弱。除个别皇帝如晋武帝司马炎尚能掌握国家的军政大权外，许多皇帝反而成了权臣手中的工具。所以这一时期的军事领导系统变化无常，常因人而异。

十六国的军事领导系统，呈现出复杂的情况。总的情况是，诸胡政权和每一个胡族政权的前期，大都实行胡汉分治政策，在政权组织上，一国设置两套班子，分府办公,各行其是,总统于皇帝。

十六国时期的许多国家,在州一级政权中,也仿照魏晋之制,实行军政长官互兼的制度,任命驻在各军事要地的统军将领,兼任所在州的刺史,或给刺史加上持节都督的职称,兼统军事。

刺史所领的军队,在制度上属于朝廷军的外军,应听从皇帝和朝廷的都督中外诸军事调遣。但是实际上,由于担任地方军职者,非皇族子弟就是创业的元勋,或是带兵投靠的少数民族首领,他们往往视所统的军队为私人武装,不听从朝廷的调遣,甚至闹独立。

南朝军队体制,主要分为中军、外军两部分。中军又称内军,即领军、护军、左卫、右卫、骁骑、游击六将军所统军队。此外,有左、右、前、后四将军,称为四军。

宋武帝刘裕曾恢复屯骑、步兵、越骑、长水、射声五校尉所统军队,以扩大宿卫宫城及京都的兵力。还有虎贲中郎将、冗从仆射、羽林监所统军队,谓之三将。

萧梁曾改骁骑将军为云骑将军、游击将军为游骑将军,另置左、右骁骑将军,左、右游击将军,位在云骑、游骑将军之上。

上述诸军皆为中军,但六军是中军主力。中军中的左、右卫宿卫宫阙,其余众军平时保卫京师,战时出兵征讨。

南朝外军，即各地都督所统军队及地方州郡兵。沿东晋旧制，南朝都督几乎遍布于全国，都督所辖少则一两州，多则八九州，最多者至16州。凡都督皆领兵，有些都督拥有军队数量十分可观。

南朝都督由朝廷任命，君主当然有对其征召调遣的权力，对他们也还有一些具体的限制。

南朝中外诸军的领导权总归于皇帝。征发调遣时，皇帝颁诏，尚书下符。南朝各代比较重视中军的训练。刘宋于448年专修宣武场，以操练步兵骑兵。其后，宋孝武帝又在玄武湖大阅水师。南朝各代皇帝都在宣武场讲武，训练步兵、骑兵，在玄武湖训练水师。

讲武的主要目的，一方面是平时训练军队，战时便于指挥战斗；另一方面，也是炫耀武力，宣扬国威。

南朝的军事后勤工作，由朝廷设专门部门管理。制造弓弩枪槊铠甲等兵器战具诸事，由尚书库部郎负责，具体由少府、尚方、东冶等部门制作。

南朝朝廷设南、北武库，兵器制好以后，入库储存，由尚书库部郎掌管。建造战船、装配水师等，则由都水使者、尚书水部郎负责。

军队粮食衣着供应，由度支尚书主管。关于外军后勤供给，各地都督府下也有武库、粮仓等后勤设施。

北朝北魏、东魏、西魏、北齐和北周3个时期，其朝廷军事领导机构各有特色。

北魏的军队由中兵、镇戍兵、州郡兵3部分组成。中兵又称台军，是北魏军队的主力。孝文帝曾经仿照魏、晋、南朝改革军制，中兵称为羽林、虎贲。中兵、镇戍兵、州郡兵虽各有所统，但都受朝廷统一调遣，最高指挥权在朝廷，有事由皇帝下诏。

东魏和北齐军制大体沿袭北魏，军队也分为中兵、镇戍兵、州郡兵三部分，其军队领导体制、军队编制、军兵种等都略同于北魏。但其军制也有自己的特点，这就是东魏北齐所特有的夷、汉分兵制。

北周的宇文泰总领军队大权，领兵官是六柱国，各领一军，是为六军。六柱国下，每柱国又各设两大将军，共12大将军。每大将军下，又各设两开府，共24开府，是为24个军。每开府下，又各设两仪同，共48仪同。以下还有大都督、帅都督、都督等领兵官。

这就充分显示了北周朝廷军事领导机构的特色。

拓展阅读

曹操戎马一生，用兵灵活，擅长选将用将，治军严整，赏罚分明。有一件事可以鲜明地表现出曹操的这一面。

有一次，曹操统兵往宛城讨伐张绣，曾传令三军沿途不可践踏青苗，违令者斩。但行军途中，他自己的马因受惊而入麦地，践踏了青苗，曹操遂欲拔剑自刎，为众将所劝阻，最后割发代替斩首，用来儆戒三军。

在当时的社会，曹操作为一名臣相，能在"马踏青苗"事件中割发代首，确是一种很了不起的举动。

隋唐时期军事制度

隋唐两代是我国统一的封建专制主义朝廷集权国家重新建立、各民族进一步融合、经济发展、国力强盛的时期，也是府兵制进一步完备并走向衰落，军事制度发生重大变化的时期。

隋代为了加强中央集权，朝廷对府兵制做了重要改革，在全国广设卫府，使军权逐步集中在皇帝手中。唐代整顿府兵制度，并重视对府兵的军事训练、发展马政，还制订了比较完备的军事法律，使军事制度臻于完善。

军事：强军战略雄风

隋代军权主要集中于朝廷，由皇帝亲自掌握。尚书省下辖的兵部，为皇帝日常的军事代办机构。其最高长官为兵部尚书，下设兵部侍郎、职方侍郎、驾部侍郎、库部侍郎。

隋代卫府制度的形成，是军权集于皇帝的重要措施。581年2月，隋文帝在全国设十二卫府，即左右卫，左右武卫府，左右武侯府，左右领左右府，左右监门府和左右领军府。

左右卫掌宫掖禁御，左右武卫府领外军宿卫，左右武侯府掌车驾外出警卫，左右领左右府掌侍卫左右和供御兵杖，左右监门府掌宫殿门禁及守卫，左右领军府掌12个军籍帐、差科和词讼。

左右卫、左右武卫和左右武侯各置大将军一人，将军两人，长史、司马、录事、功、仓、兵、骑等曹参军，铠曹、法曹行参军各一人，行参军左右卫、左右武侯各6人，左右武卫各8人。而左右领左右府、左右监门府和左右领军府所置官员有所不同。

十二卫府所置大将军上隶皇帝，下辖骠骑、车骑府，军士称侍官。骠骑府置骠骑将军、车骑将军；车骑府置车骑将军。其下又置大都督、帅都督和都督。

这些军将的官号、品级承袭西魏、北周，但有所变更。如大将军降低两级，骠骑将军降低两级半，车骑将军、大都督、帅都督和都督均降低3级半。军将的数量有所增加,以利于皇帝控制军队,加强朝廷集权。

十二卫府统禁卫兵,其任务是禁卫京都和征讨。骠骑、车骑府直接掌握府兵,屯于京城及各地要冲,拱卫首都。

与十二卫府相对应的有东宫十率:左右卫率、左右宗卫率、左右虞侯、左右内率和左右监门率。

607年,隋炀帝改革十二府之制:左右卫改为左右翊卫;左右备身改为左右骑卫;左右武卫名称如旧;左右领军改为左右屯卫;增置左右御;左右武侯改为左右候卫。又改左右领左右府为左右备身府,左右监门仍承旧名,共16个府卫。

"十二卫"军士被冠以荣誉称号:左右卫的军士名骁骑,左右骁卫军士名豹骑,左右武卫军士名熊渠,左右屯卫军士名羽林,左右御卫军士名射声,左右侯卫军士名佽飞,总称之卫士。

每府大将军以下人员基本如旧,增置护军4人。左右侯卫增设察非掾两人,专管纠弹之事。

隋炀帝对东宫十率也有部分改组:左右卫率改为左右侍率;左右宗卫率改为左右武侍率;左右虞侯开府改为左右虞侯率,并置副率。左右内率降为正五品,左右监门率改为宫门将,降为正五品。

613年,置左右雄武府,隶属于左右备身府。招募百姓为骁果,置折冲、果毅、武勇、雄武等郎将统领。骁果在皇帝护从军中占有重要地位。

隋初在地方上推行州、县两级制。在边境及内地重要州，设总管负责该地域军事，并统一附近数州的军事管理。隋炀帝时改行郡、县制，在郡设都尉、副都尉，负责一郡的兵马。

军事要地置镇，设镇将、副将。上镇将从四品，中镇将及上镇的副将从五品，下镇将及中镇副将为正六品，下镇副将从六品。

次于镇者置戍，设戍主及副。上戍主为正七品，中戍主及上戍副为正八品，下戍主及中戍副为正九品。要隘及交通孔道设关，置令及丞。上关令及中关令从八品，下关令及上关丞正九品。

至唐代，唐太宗时整顿府兵制度后，十二卫各领40至60府。鹰扬府恢复骠骑府、车骑府的旧名，不久又改为折冲府，分别冠以所在地的名称。每府置折冲都尉一人，左右果毅都尉各一人，长史、兵曹、别将各一人，下辖4至6团，每团设校尉，辖两个旅。每旅设旅帅，辖两个队。每队设队正，分为五火。每火10人，有火长。每队、每火的装备，如马、马具和锸、斧、钳、锯等，均有定数。

府兵自用的武器、装具和征途所需粮食皆自备。马匹不足，由官府供给。平时训练在冬季进行，由折冲都尉率领本府兵马习战。府兵的调遣、指挥权属于朝廷。凡发兵10人以上，除紧急情况外，都要有尚书省、门下省颁发的皇帝"敕书"和铜鱼符，州刺史与折冲都尉勘契乃发。

唐王朝对府兵的军事训练非常重视。训练内容主要有教习骑射和战阵操演。冬春要讲武或狩猎，这在唐太宗、唐高宗时几乎每年都进行。每年冬季，折冲府要校阅在府兵，借以进行战术训练。训练时，要求士兵平时就习唱歌词，战时从中辨别号令。通过大角、鼓、钲、旌旗的变化，训练士兵的耳、目、手足，要求动静进止整齐划一，而狩猎更近于实战。将士的战术水平都会有不同程度的提高。

讲武也是军事训练的重要方式。讲武有直、方、锐、曲、圆五阵，五挑而五变，狩猎较为灵活。

唐高祖、唐太宗、唐高宗、武则天时，都曾集合各军，进行讲武活动。讲武虽系军训，但要求严格，布阵破敌，进退有序，节合金鼓，稍有差错，严惩不贷。如骊山讲武时，兵部尚书郭元振因军容不整险被处死，给事中唐绍因军仪有失而被斩首。

田猎也是训练方式之一。唐太宗

田猎频繁，臣下谏阻，他解释道：现在天下虽然太平无事，但武备却不可松懈。只要遇到战事，领兵将帅都要严格查验征调府兵的战斗技能。不精者，追究其折冲都尉，包括追究刺史的罪过。

唐代还制订了比较完备的军事法律，如《卫禁律》、《擅兴律》、《捕亡律》、《宫卫令》、《军防令》、《兵部式》、《兵部格》，对军人的职守、赏罚等有较详细的规定。凡违犯了"令"、"式"中的有关规定，就要依"律"、"格"给予惩处。

骑兵在唐代的统一战争中起了重要作用，唐初几次关键性战役，骑兵都有上乘表现。所以，唐代很重视马政。

拓展阅读

唐太宗在很多事情上受益于长孙皇后。唐太宗有一匹好马，特别喜爱它，常在宫里饲养。

有一天，这匹马却突然死掉了，也看不出有什么生病的征兆，他要杀掉养马的官人。

长孙皇后劝谏说："从前齐景公因为马死了要杀人，晏子请求述说他的罪状：'你养的马死了，是你的第一条罪。让国君因为马杀人，百姓必定怨恨我们国君，是你的第二条罪。诸侯也必定轻视我们齐国，是你的第三条罪。'齐景公听后赦免了养马人的罪。"

唐太宗听了终于平下气来。

宋元时期军事制度

宋太祖赵匡胤建国后,在平定各割据势力同时,还针对长期以来藩镇割据带来的政权频繁更迭,采取了一系列集权于朝廷的政治改革措施。北宋的军制正是在这个基础上形成的。

元代统一全国后,元世祖忽必烈对军制进行了重大改革,从军队指挥系统到军队管理、后勤供应、军事法规等,都实行了一套比较完备的制度。

北宋军队的领导权集中在皇帝手中。为了从体制上限制军队将帅的权限，使兵权完全集中在皇帝手中，宋王朝在朝廷实行了以枢密院掌管军政军令，三衙分掌马步军的训练与日常管理、临时派将统兵出征的分权制度。

枢密院是宋代主管军机事务的最高机关。枢密院负责制订战略决策，处理国防事务，招募、检阅、调遣军队。枢密院的长官是枢密使、副使、或知院事和同知院事。枢密使、副使与参知政事合称"执政"，与宰相共同负责军国要政，是朝廷中地位仅次于宰相的最高行政长官之一。

在正副长官之下，还有签书院事与同签书院事，又设都承旨、副都承旨，负责内部事务；其下又有检详官、计议官、编修官，为枢密院的骨干。

三衙是宋代分掌全国军队的最高指挥机关，其全名是殿前都指挥使司、侍卫亲军马军都指挥使司和侍卫亲军步军都指挥使司。三衙各设都指挥使、副都指挥使和都虞侯，但很少同时配齐。三衙的都指挥使简称为殿帅、马帅、步帅，合称三帅。三衙掌管全国军队的辖制训练、番卫戍守、迁补赏罚。三衙互不统属，直接隶属于皇帝。

北宋军队的领导体制把调兵权、统兵权、握兵权一分为三。这种军制对于消弭兵祸，保障社会的安定，维持正常的生产和生活秩序，起了良好作用。

南宋军制大体上沿袭北宋制度，但国家主力军是屯驻大军，西北边防的番兵也已不复存在。

宋元之际还有辽、西夏和金3个政权。辽代主管军事的最高机关为枢密院，后为南、北两枢密院。北枢密院统领契丹兵马，南枢密院统领汉族兵马。枢密院使是当时全国最高军事首脑。

西夏的常备军主要是部族军。部落是军事组织的基础，部落首领即军队将领，享有很高的威望。西夏的军队有很强的组织性和纪律性。金代设置的最高军事机构是都元帅府，掌握全国的军事大权，下设都元帅和左、右副元帅各一员，由谙班勃极烈和勃极烈担任。各路设军帅司或都统司，由都统统领本路军队，隶属都元帅府。至海陵王时，朝廷废除了都元帅府，仿汉制设枢密院，由朝廷任命枢密使、副使掌握全国军事。

元代统一全国后，元世祖忽必烈为加强朝廷集权，在朝廷设立枢密院，作为掌管全国军政的最高机构，地方统军机构几经变化后也基本趋于稳定，形成了一套制度。

枢密院负责调发和管理全国军队、筹划军事部署、铨选武官及为军队提供后勤保障。枢密院向皇帝奏报军情要务，一般情况下不经过中书省。重大的军事决策，皇帝要召集中书省和御史台等中枢机构官员与枢密院官员一同商议。

元世祖将全国划分为12个一级行政区，包括1个中书省和11个行中书省。行中书省简称"行省"。各行省设置平章两员，兼管军事，总督本省军马。行省中心地区或少数民族地区，设立宣慰司都元帅府掌军政和民政，作为行省和郡县的中介机构。各行省的军队调发，需经枢密院批准传旨。行省内务军队的镇戍和屯田地点，也要由行省官员和枢密院协议确定。

元代实行军官世袭制度。承袭者必须年满20岁，按照规定要进行武艺和文化考核。承袭者可以是儿子，也可以是兄弟子侄。

元世祖又规定了军官的品级、各军府设军官的人数以及军官所持的符牌标准。万户府、千户所分成上、中、下三等，侍卫亲军各卫指挥使司与上万户府等级相同；百户所分为上、下两等。

元代军官佩有符牌。分为虎头金牌、平金牌、平银牌三等，又称为"虎符"、"金符"和"银符"。大致上是万户佩虎符，千户佩金符，百户佩银符。虎符还有三珠、二珠、一珠的区别，三珠虎符最高，只有上万户府达鲁花赤、万户以上的掌军者才能发给。符牌由朝廷颁发，军官升迁或去职后，按规定要交回原持符牌。除符牌外，各级军官还有印章。

元代十分重视军事后勤建设，对武器装备、军需物资和军事通信都有严格的规定。元代设立军器监，专门管理冷兵器和火器的生产、贮存和发放。元代对武器的管理有很严格的规定。除了由朝廷组织的武器生产外，任何人都不许私造兵器。汉人、南人不得私藏武器，弹弓、铁棒等都在禁用之列，违反者要治罪。

元代重视骑兵建设，对马匹的繁殖、管理和调拨，逐渐形成一套制度。此外，由朝廷设置、管理的牧场，主要分布在大都周围和漠北、漠南的草原上，牧养的马匹一部分供军事上使用，一部分则用来满足皇室的生活需要。

为了保证庞大的军事机器运转，只靠军户自备武器装备和提供封椿钱、调发军人屯田等是远远不够的。朝廷每年还要拿出大量钱钞，支付军官俸禄、怯薛岁币、赏赐军功以及战争费用。

为了保证军队的通信联络，元代朝廷建立了比较完善的站赤系统。驿站设置以大都为中心，通往全国各地。各站都备有马匹和粮食、肉食，以备来往的信使使用。此外，还有急递铺，用来往返递送紧急军情公文。

元代的军事法规，既保存了相当多的蒙古传统，又吸收了前代封建王朝的许多原则规定，形成一种混合的体制。军人的服役办法，军官的职责和奖惩，军队的纪律，以及军事法令的执行和监督，是军事法规的主要内容。

军官的考核标准是"治军有法，守镇无虞，甲仗完备，差役均平，军无逃窜"；军官不许擅自离职，违者治罪。军队纪律分为群众纪律和战场纪律，有很多具体规定，如不得随意牧放牲畜践踏农田，作战时临阵逃脱处死，同在一个作战单位的人也要受罚等。

军法的执行原来由军队自身负责。元世祖改革军政后，从朝廷至地方的监察机构对军官的不法行为也实行监督。士兵犯法，由所在军府核实情况后向上级机构申报处理意见，批准后方可实施处罚；如果事关民间百姓，还要与地方官府合审。

拓展阅读

元代在全国设立了14个官马道，专职马政，所有水草丰美的地方都用来牧放马群。元代牧场广阔，西抵流沙，北际沙漠，东及辽海，凡属地气高寒，水甘草美，无非牧养之地。

当时，在大漠南北和西南地区优良牧场放牧的人，蓬帐而居，随水草畜牧。江南、腹里和辽东诸处也散满了牧场，早已打破了国马牧于北方，往年无饲于南者的界线。

元代众多牧场中丰美的水草有利于畜牧业的发展，也为善于骑战的元军提供了数以万计的优良战马。

历代军制

明清时期军事制度

明太祖朱元璋建立明朝以后，大力强化封建专制朝廷集权，进一步加强了皇权对军权的控制，这是明代军事指挥系统的一个非常显著的特点。

清代达到了朝廷集权制度的顶峰，军队管理体系也日渐完备。清代在军队的训练制度、后勤供应、武官考核、军纪执行、军功奖赏及优抚政策方面，形成了完善的军政制度。

明初仿照宋元的枢密院制度，在朝廷设大都督府作为最高军事机构，节制内外诸军。

1380年，明太祖出于加强皇权的需要，下令改大都督府为中、左、右、前、后五军都督府，分领在京和在外各都司卫所。

同时，明朝又设立兵部，作为朝廷执政机构的六部之一。

五府只管军籍和军旅之事，而人事、调遣和政令发布之权则移交兵部，"凡武职、世官、流官、土官袭替、优养、优给"，各府移文兵部请选，"都司卫所首领听吏部选授"。

遇到战争，天子命将充总兵官，兵部签发"出兵之令"，调卫所军领之，"既旋则将上所佩印，官军各回卫所"。

这样，明代的军事就由五军都督府和兵部共同管辖，"兵部有出兵之令，而无统兵之权，五军有统兵之权，而无出兵之令。"两个机构"合之则呼吸相通，分之则犬牙相制"，便于皇帝的操纵和控制。

明代中后期，兵部尚书或侍郎有时可提督或协理京营戎政，直接掌握京营训练，五府官实际上变成了一种虚衔。

在地方，起初在各省府设立都卫，1375年改为都指挥使司。各都司设都指挥使一人，作为地方的最高军事长官，掌一方之军政，各率其卫所隶于五府，同时听命于兵部。

明初各省都指挥使与布政使、按察使并称"三司"，为封疆大吏"，而且品级、地位也比布、按官高，威权甚重。但在对内对外的战争中，朝廷照例派都督府官或公、侯、伯出为总兵官，事后还任。临时派遣的总兵官变为定设的官员，形成了镇戍制。

接着，在内地的军事要害地区也派总兵官镇守，独任一方之军务。都指挥使的地位因此日益下降，逐渐变成总兵官的下属。朝廷为加强对武臣的管理，又派文臣于各总兵官处整理文书，商榷机密，以至逐渐变为定设的官员。

巡抚往往加有提督军务或赞理军务、参赞军务的名义，总督更拥有总督文武、自总兵巡抚而下皆听其节制的大权，不仅地方的都、布、按三司归其管辖，连总兵官也必须听其指挥了。

明代针对卫所制订军卫法。一郡者设所，连郡者设卫。百户所下设两个总旗，每个总旗下设5个小旗，每个小旗有军士10人，大小联比以成军。全国的军队均按此制编入卫所，由百户、总旗、小旗等逐级率领。

明代的军饷，依靠"屯粮"、"盐引"、"民运"和"京运"4个途径来解决。

屯粮指由军屯士卒交纳的税粮；盐引指用盐引换取的商屯粮；民运指从民田上征收的税粮；京运指由户部太仓库拨付的存银。明代前期的军饷，基本上由屯粮和盐引解决。

明代建立后，明朝廷曾大规模推行军屯和商屯。开国之后，明太祖即"令军士屯田自食"，要求卫所军卒，一部分负责戍守，一部分从事屯垦。具体的戍守比例，开始没有统一的规制。

明初各都司卫所屯田数额高达90万顷。内地军屯"实收子粒,足以充军食之半"。屯粮不足的部分,由民运支付。

边地卫所,屯田军卒比例较少,屯粮缺欠较多,如由民运支付,路途遥远,运费很高,于是明朝廷又大力提倡商屯。

商屯就是朝廷利用对食盐的专卖权,招诱商人到边境地区出资募民屯田,把收获的粮食交给当地朝廷充作军饷,然后向朝廷领取盐引,到指定盐场支取食盐,贩卖获利。这就叫做"开中法"。

1371年定中盐则例,规定商人按道里远近,交纳三五石不等的粮食,可向朝廷换取100千克盐引。由于商屯的发展,明朝廷便可坐得资粮,以佐军用。

后来由于商品经济的发展,加上其他原因,屯田逐渐遭到破坏。

清代最高军权由皇帝掌握,皇帝年幼未亲政前,暂由摄政王代理。协助皇帝执掌军政机要的机构,雍正前是议政王大臣会议,后来是军机处。兵部名为朝廷军事领导机构,实权不大。

军机处成立于1730年。自成立后,取代了议政王大臣会议的地位和作用,进一步削弱了内阁的职权。直至1911年4月实行责任内阁制时,执政长达180年之久的军机处才被废止。

兵部成立于天1631年，入关后为管理全国绿营兵籍和武职官员的机构。八旗则主要由八旗都统衙门管理。军机要务由议政王大臣会议和军机处负责。后来改为陆军部。

清军平时训练因地而异。清太宗天聪年间亲率八旗演习行阵，是为清代皇帝举行大阅之始。后来皇帝每年亲巡塞外校猎行围，3年举行一次大阅典礼，在京师南苑、玉泉山、王家岭等地检阅京营八旗。

京营训练各有定制。如正黄、镶黄、正白三旗亲军，每月分期轮流训练骑射两次，步射4次。

八旗骁骑营每月习射6次。春秋两季还披甲练步射和骑射。春月分操两次，合操一次，秋月合操两次，仲春孟秋还要登城操习鸣螺。汉军每月练习鸟枪外，春秋月，每旗出炮手10位，在卢沟桥试炮五日。春秋两季，四旗合操4次，八旗合操两次，初冬，各旗演习步围。

绿营训练方法是沿自明代的旧法，以所谓连环法阵势为主。

其法是，每年秋季霜降日，绿营将弁率兵入教场，设军幕。中军竖起大旗于场朝廷，士卒披甲列阵肃立，统兵大臣传令合操，中军便扬令旗指挥，发炮3响，鸣角击鼓，步兵骑兵列队行阵，施放火枪，连环无间。

同时也表演长矛、短刀、藤牌等武艺。平时也有小操、大操、合操、试炮、巡察、步围、步行等制度。

分散驻防应差的绿营平时训练最少，巡抚标兵也如此，只得抽空训练。绿营鸟枪兵照八旗火器营进步连环之法操练，统兵官习射，习枪以迅速命中目标为度。

清代通过户部、兵部、工部的分工合作来解决军队的后勤供应。至于清军官兵及其家属的生活，主要靠其俸饷和旗地来维持，总的说来八旗待遇比绿营优越得多。

比如前锋、亲军、护军、领催、弓匠长月给银4两，骁骑、铜匠、弓匠月给银3两，皆岁支米48斛；步军领催月给银二两，步军1.5两，皆岁支米24斛；炮手月给银二两，岁支米36斛；由觉罗补前锋、亲军、护军者，月加银一两。

再如绿旗兵饷之制，京师巡捕三营，马兵月给银二两，步兵一两，皆月给米5斗；各省镇标马兵月饷银3两，步兵1.5两，守兵一两，皆月支米3斗。

清代对武官的考核5年举行一次，称军政。考核的目的在于整饬纲纪，黜陟将弁。凡遇军政之年，武职官员都要进行全面系统的考核，开列四栏，填注考语。

武官必须注有行止端方、弓马娴熟、管辖严肃、当差谨慎、不扰下属、给饷无虚等考语。军政考核后，提督、总兵贤者优叙，劣者罢黜，一切由皇帝决定。

清代的武官回避制度，是清朝廷为了防止官吏利用亲族、同乡、师生等关系，结党营私，破坏法纪的一项重要制度，在维护朝廷集权方面，曾发挥过积极的作用。

清代八旗兵和绿营兵的军纪，大致可以分为扎营、行军、战场三大类。

清兵扎营纪律规定：兵丁在营内乱走，高声说话，白天犯者，八旗兵鞭50下，绿营兵棍责40下；夜间犯者，若引起乱营，立即斩首。看守营门时，无故私放外人进入营地者，八旗兵鞭70下，绿营兵棍责60下。兵丁在营，敢在该管官面前妄行，或动作骄慢无礼者，罚以插箭游营，以示警示。

清兵行军纪律规定：兵行各按队伍依次而前，无论道路平坦窄狭，后队不得越过前队，违者，八旗兵鞭50下，绿营兵棍责40下，仍插箭游营。官兵沿途欺压民番，恃强买卖，掠财物，毁民房、淫污妇女者斩。

兵行遇有草地方，当陆续行走，如有不顾队伍混行，致践踏草者，八旗兵鞭100下，绿营兵棍责80下。

清兵战场纪律规定：战阵之际不遵号令者；归阵时回顾畏缩交头接额私语者；泄漏军机、私改密件者；将军、参赞大臣、领兵提督、总兵等官密议军情时私行窃听者；探信不实，贻误军机者；官兵杀良冒功者，以上所列当斩。

乾隆时又特定将帅军纪3条：统兵将帅苟图安逸，故意迁延，不将实在情形具奏，贻误军机者；将帅因私忿妒忌推诿牵制，以致徒劳兵力、空费军饷，贻误军机者；身为主帅，不能克敌，转布流言，蛊惑人心，倾陷他人，贻误军机者，以上所列拟斩立决。

清军将帅战功卓著者，由兵部复议奏请随时酌定。其他有功官兵，由统兵将帅造册报兵部后，兵部核实功绩，进行军功奖赏。

清朝廷视八旗为国家根本所在，实行一系列优抚政策，如增加兵额，恩赐饷米，官给马匹、器械，赎回旗地，免其借贷，赏给婚丧银两，天灾或大典皆赐银米，年老告退之官优给俸禄等。对绿营兵也有优抚，但同是优抚，八旗比绿营的待遇优厚。

拓展阅读

努尔哈赤军纪之严明，到了近乎残酷的地步。

《满文老档》记载：1618年攻打抚顺时，一个叫阿奇的士兵，偷着抢了一只老百姓的鸡烧着吃，另有4个士兵跟着吃开了。被发现后，5个人都被处以死刑。

努尔哈赤率军战斗时，令每个兵士乘一匹马，还要再带上一匹马，一起向敌阵发起冲击。军中设有督战官，努尔哈赤手持红箭，在后面督战，发现有谁违背军令，就用红箭头射之，战斗结束，凡身中红箭者，一律严惩。

历代兵器

　　我国古代的兵器经历了一个漫长的发展变化过程。从最初的石兵器，到夏代的青铜兵器、战国末期的铁兵器，再到北宋的火器，其发展进程是一脉相承又各具特色的。

　　特别是冷兵器时代的火攻战术，促使古代炼丹家们发明的火药很快应用于军事，并发展成为北宋的火器。南宋的火枪发展为元代的铜火铳，铜火铳又很快发展为明初的大铁炮，使我国古代兵器形成鲜明独特的风格。

　　我国古代兵器的成就，对世界兵器的发展做出了贡献，特别是火药和火器的发明，促使世界军事技术发生了一次革命，为近代枪、炮的发展开辟了道路。

夏商周时期青铜兵器

夏代是我国青铜时代的开始，但这一时期青铜兵器的数量不多，主要仍使用石、骨、木制等原始的兵器。

商周时期，由于战争的需要，人们对兵器的数量和质量都提出了新的要求，为了更好地保护自身，还用青铜制造了各种防护装备。

这一时期青铜兵器的出现，不仅是我国古代军事技术上的重要成就，也反映了我国古代青铜冶炼业的辉煌。

兵器的水平是与生产技术，尤其是手工业生产技术水平相适应的。大量的考古材料说明，在我国的夏王朝统辖的黄河流域，农业生产工具在制作上比以前有了较大改进，出现了石镰、蚌锄、蚌镰等。

先进生产工具的广泛使用，不仅使农业生产有了很大进步，同时促进了其他行业的形成。在这之中，夏代的青铜冶炼和青铜器的制作达到了一定的水平，使得当时的兵器也有了新的发展。

从二里头遗址出土的情况看，夏代的兵器的种类，除原始社会末期就已出现的刀、匕首、矛头、锥、戈、镞、斧、铲、棒等型制外，还出现了护身的甲和用于作战的兵车。其中箭头的数量明显增多，质料和制作技术有了新的发展。

夏代的箭镞不仅有石质、骨质和蚌壳质的，而且还有铜质的。在制作上也极精到，有的镞身断面呈三角形，脊和两翼刻有血漕，铜镞和制作精良的骨、蚌镞使得弓箭的威力大大提高。

弓箭杀伤力的增强，必然促进防护具的产生和发展。这就是甲的出现。相传甲是夏代第七位夏后杼发明的，主要用于防护前胸后背和手臂。

杼是夏王姒少康的儿子，他在协助父亲攻灭东夷首领后羿、寒浞势力时，由于东夷人擅长射箭，弓箭十分厉害，杼的军队被善于射箭的东夷人用弓箭抵挡，遭受损失，无法前进。

退回国都后,杼发明用兽皮制作的甲,兵士穿上后,不畏弓箭,能格挡敌人的刀砍箭射,战斗力大大增强,东夷人弓箭优势不复存在。身穿铠甲的夏人终于灭绝了东夷。

车作为一种作战用具,在原始社会就已出现,夏代车已被用于作战。兵车作为一种新的武器装备,使兵制和作战技术发生了新的变化,即出现了新的兵种车兵,以及因兵车作战的特殊性而产生的车兵战术。

商周时期,军队与战争规模扩大,对兵器的数量和质量提出了新的要求,为避免遭到更大杀伤,还开始用青铜制造各种防护装备。与此同时,商周青铜冶铸技术的发明和发展,也为制造青铜兵器和青铜防护装备创造了条件。

商周时期的兵器,按用途可分为远射兵器、格斗兵器、护体兵器3类。年代最早的青铜兵器出土于河南偃师二里头遗址,为早商遗物,有远射兵器中的箭镞和格斗兵器的戈等。后随实战需要,又产生出不同的进攻性兵器。

商周时期兵器的种类大体有镞、戈、矛、戟、殳、钺、剑等。

镞为远射兵器。商周时已使用了复合弓,并在矢上安装铜镞。商代的铜镞以扁平的凸脊双翼镞为基本形态两翼侧刃前聚成锋向后形成倒刺。

戈是商周时的主要格斗兵器,在有锋刃的"援"后接安的"内",就是柄,垂直装,用于横击、钩杀和啄击。商代的戈有曲内、銎内、直内等式。西周末到春秋时,戈制作工艺上有所改进。商周戈的长短,与使用的不同有关,一般说来,战车上用的戈较长,步战用的戈较短。

矛是格斗用的长柄刺兵器。商代铜矛一般有中脊,向左右扩展,成带侧刃的扁体矛叶,然后前聚成锋,矛直通中脊,有的叶下侧设穿有的左右两侧设环以缚扎固秘。

戟是戈和矛相结合而创制的格斗兵器。以戈为体、矛为刺,兼有横击钩啄和扎刺的性能。最早尝试将矛和戈用联装成一件兵器的例子,见于河北藁城台西的商墓中。

殳出现在春秋晚期,是一种棒状格斗兵器。在南方江淮流域的楚、蔡等国,在3米多长的八棱形积竹柄顶端,装有一个青铜殳头,殳头刃部一般呈三棱矛状、锋利异常,可以刺杀,也可以砸击。殳主要用于车战,在两军车马交错冲撞时使其分开,故有棱而无刃。

钺是用于劈砍的格斗兵器。为弧曲阔刃、两角上翘的斧形。商周时期多作为统帅权威的象征,如殷墟的妇好墓中出土两件铜钺,一件刃宽达0.37米,重达8500克;另一件刃宽0.38米,重9000克。器身均铸有"妇好"铭文,应是权威的象征。

剑以前刺为主,也可用侧刃劈砍的卫体和格斗兵器。西周时的铜剑很短,不过二三十厘米,仅能充护体兵器之用。东周时期的铜剑有较大发展。它们制作精良,长度超过0.5米,剑身修长,有中脊,两侧出刃,刃作两度弧曲状,顶端收聚成尖锋。最著名的是湖北江陵楚墓出土的越王勾践剑,是东周名剑中的精品。

商周青铜兵器除上述几种外,还有用于防护的铜胄,用于鼓舞阵势的铜铙等。它们同样制作工艺精湛,并在实战中发挥了重要作用。

这一时期绚烂夺目的青铜兵器,不仅是我国古代军事技术的成就,也昭示着商周青铜冶铸业的辉煌,是我国古代文明的物质见证。

拓展阅读

欧冶子是春秋战国时期越国人,是我国古代铸剑的鼻祖。

他曾为越王勾践铸五剑,名湛卢、纯钧、胜邪、鱼肠、巨阙。这一系列赫赫青铜名剑,冠绝华夏,在当时称雄称霸的实战中显示了无穷威力与震撼人心的艺术魅力。

剑在春秋以后的战争中,逐渐从作为实战的短兵器过渡为军官的一种佩饰,剑的铸造也从注重其实战功能转变为注重其外观造型。欧冶子铸就的系列"越王剑",成了我国古代特定历史时期短兵器制造的杰出代表。

历代兵器

汉代兴起的铁制兵器

汉代的炼铁技术已经十分成熟，汉代的铁兵器已经在性能上压倒了铜兵器。当时青铜的性能已经发展到了极限，而铁器的潜力却深不可测。

秦统一后，军队的武器装备逐渐由原来的青铜兵器过渡到性能更加好的铁器，但这一过程到汉代才完成。

随着汉代冶铁技术和锻钢工艺的进步，至西汉末期，铁制兵器已逐渐盛行，青铜兵器开始退出战争舞台，冷兵器进入鼎盛时期。

我国是世界上最早发现和使用铁的国家之一。相传商代中期,华北地区有一位兵器制造师,无意中发现了几块十分坚硬的陨铁。他在铸造铜钺时将陨铁熔化,制成了一把铁铜钺。

偶尔得到的陨铁难以满足大量制作兵器的需要,而自然界中所有的铁都是以化合物存在的,必须经过冶炼。因此,古人进行了大胆探索和实践,冶炼技术在汉代取得了突破性进展。

汉代新的冶铁技术使铁兵器的质量和形制及种类也不断发展、完善,其形状逐渐趋于统一和定型。比如,汉代的格斗兵器有铍、戟、矛、刀、剑等,远射兵器有弩和弓等,防护装备有铠甲和盾牌等。汉代铁剑的制作最能代表当时的铁兵器制作水平。

汉代制作铁剑的基本工艺是锻打,汉代的锻打技术一般采用以下几种方法:

一是以块炼铁直接锻制。汉代由人工冶炼获得的铁料是块炼铁,它是在较低的冶炼温度下,由铁矿石固态还原获得的铁块,含有大量脉石渣子,需通过锻打挤出。而在锻打之前,疏松多孔,因此又被称为"海绵铁"。

二是以块炼铁渗碳锻制。这一方法在春秋时期已被采取。西汉时期,制剑主要沿用这种方法。刘胜墓出土的一件长剑和一件短剑,经检测都是以"块炼铁渗碳"后折叠锻打而成，所用原料和渗碳方法与燕下都钢剑相同。

三是以炒钢或熟铁锻制。西汉后期，出现了用生铁炼钢的"炒钢"技术。它是把生铁加热到熔化或基本熔化状态，在熔池中加以搅拌，借助于空气中的氧把生铁所含的碳氧化掉，从而成为钢或熟铁。

前者是有控制地把生铁炒炼到需要的含碳量，也就是钢；后者是不加控制地一炒到底，含碳量极低。用生产效率很高的生铁作为制钢的材料，这是炼钢史上的一次革命。

炒钢产品的成分均匀，夹杂物一般比较细小，分布也比较均匀，质量优于块炼渗碳钢。而且，当时生铁冶炼已达到较高水平，炒钢以丰富的生铁为原料，产量和效率都较高，能够满足社会的广泛需要。于是，熟铁或炒钢便成为制剑的新材料，或以熟铁为原料，经过渗碳叠打钢剑，或以炒钢为原料，反复加热，折叠锻打，最后制作成剑。

四是以铸铁脱碳钢锻制。铸铁脱碳是我国古代独有的一种生铁炼钢的方法，它是将白口生铁铸件在固态就进行脱碳退火，从而获得至高碳钢、中碳钢和低碳钢。

这种方法的特点是通过掌握时间来有控制地脱碳，由于生铁中多余的碳被氧化成气体跑掉了，从而成为全钢组织。而且基本不析出石墨或只析出很少的石墨。

铸铁脱碳钢保留了生铁夹杂物少的优

点，组织均匀，质地纯净。目前所知最早的铸铁脱碳钢件是刘胜墓出土的6件铁镞。刘胜去世于公元前113年，可知这种炼钢方法最迟在公元前2世纪末叶已经出现。

汉代的铸铁脱碳钢器物是用两种方法制成的。一种是以生铁铸造成坯，然后脱碳成钢，再予简单加工，如加热弯折，对刃部进行局部渗碳、锻打等。这种方法广泛用于制造生产工具和生活用具，如河南渑池出土了汉魏窖藏铁器中的钢斧等。

另一种方法是将生铁铸造成薄板状，然后脱碳得到成形钢材，将钢材经过反复加热锻打，器物。刀剑等兵器，皆如此制作。

过去在郑州古荥镇、南阳瓦房庄、鲁山望城岗等汉代冶铁遗址中曾出土地大量形铸铁板，就都是已经脱碳的钢材。目前也发现了用铸铁脱碳钢锻造成的刀剑，如北京大葆台西汉墓中出土的一把环首铁刀，河南省巩县铁生沟汉代冶铁遗址中出土的一把铁剑。

以上所述，为汉代铁剑的一般制作技术。两汉时期，一些优质刀剑的制作还采用了几项先进的工艺。

一是局部淬火工艺。钢剑淬火工艺出现于战国时期。经检测，燕下都遗址出土的战国末年钢剑，被验证曾经加热至900度以上进行淬火，这是已知我国古代最早的淬火钢器。西汉时又有发展，产生了只将刀剑刃部进行淬火的新工艺。由于刃部经过淬火，因而具有很高的硬度，极其锋利。而刀剑的脊部因未经淬火，硬度较低，保持了较好的韧性，不易断折。

二是表面渗碳工艺。满城刘胜墓出土的错金书刀，经检测是经块炼铁为原料，经渗碳、叠打制成的低碳钢件。它在锻打成型并经磨制以后，又进行了表面渗碳，从而使刀的表层组织含碳较高，更加坚硬。同墓所出一把钢剑经检测也经过表面渗碳，表层碳含量在0.6%以上，高于心部高碳层0.5%至0.6%的含碳量。

三是百炼钢工艺。1974年山东省苍山出土的东汉钢刀，1978年江苏省徐州铜山出土的东汉钢剑，都是以炒钢为原料，经过反复加热折叠锻打而成。而刀剑上的铭文，据说不是简单的层数概念，而应是代表了一定的工艺质量和标准。可见，刀剑加热叠锻工艺在那时已经发展到了一个新的水平。

除了上述冶铁工艺外，两汉时期，以鉴别剑刀优劣为务的相剑术也流行起来。而随铁剑取代铜剑，相剑术的内容也由早期的相铜剑转而为相铁剑。这也从另一个角度证明了汉代冶炼技术已经提升到了理论层次。正是由于汉代高超的冶铁技术，才使这些铁兵器在世界上堪称一绝，几乎将兵器制造技术上升到了艺术的境界。

拓展阅读

《韩非子·说林上》也记载一则与相剑有关的故事：

曾从子是一位善相剑之人，客游卫国。

卫君怨吴王，曾从子就说："吴王好剑，我是相剑者，请大王让我去为吴王相剑，乘机将他刺死。"

卫君却说："你这样做并非缘于义，而是为了利。吴国富强，卫国贫弱，你如果真去了，恐怕反会为吴王用之于我。"于是卫君就将曾从子逐走了。

这个故事说明，春秋晚期已有相剑术。因为古代铜剑正是在这个时期趋于成熟兴盛，并在实践中得到了广泛应用。

明代高度发展的火器

我国古代对火器的研究相当出色,很早就开始了用火药来制造作战武器,比如利用火药进行燃烧、爆炸或发射弹丸等。这就是火药兵器,简称"火器"。

在我国,火器的使用从北宋时期就已经开始了,到了明代,我国传统火器的发展就达到了最高峰。在这近7个世纪的期间里,随着火药性能的提高和火器技术的不断进步,威力更大的火器就不断地问世,充分显示了我国古代劳动人民的智慧,同时也对世界武器的发展产生了深远的影响。

火器源于火药，宋代初期虽已掌握了火药的生产技术，生产了性质不同的火药兵器，但仍属火器制造的初级阶段。至明代，才出现了我国传统火器发展的最高峰。明代火器不仅种类多，而且质量也在不断地提高。

元末明初，明太祖朱元璋在重新统一全国的战争中，较多地使用了火铳作战，不但用于陆战攻坚，也用于水战之中。通过实战应用，对火铳的结构和性能有了新的认识和改进，至开国之初，铜火铳的制造达到了鼎盛时期，结构更趋合理，形成了比较规范的形制，数量也大大提高。

从北京、河北、内蒙古、山西等地出土的洪武年间制造的铜火铳看，明代火器大致是前有细长的直体铳管，管口沿外加一道口箍，后接椭圆球状火药室。

药室后面为铳尾，它的后面有安柄的銎孔，銎孔外口较粗，内底较细，銎口沿外也加了一道口箍。另在药室前侧加两道口箍，后一道加固箍。

河北省赤城县发现的1372年造的火铳，铳身长0.44米，口内径0.02米，外径0.02米。铳身刻铭文"骁骑右卫，胜字肆佰壹号长铳，筒重贰斤拾贰两。洪武五年八月吉日宝源造"。将它与内蒙古托克托县黑城古遗址发现的3件有洪武纪年铭的火铳相比，可以看出它们的外形、结构和尺寸都大致相同。

托克托古城遗址出土的一号铳为1379年造，全长四0.44米，口内径0.02米，为袁州卫军器局造；二号铳为1377年造，长0.44米，口内径0.02米，凤阳行府造；三号铳长0.43米，口内径0.02米，也是1377年凤阳行府造。

以上4件洪武火铳铸造地点虽不在一处，但形制、结构基本相同，说明当时各地铜铳的制造已相当规范化。

1368年，火铳由各卫所制造，如上述数件火铳，就包括袁州卫军器局造和凤阳行府造等。至明成祖朱棣称帝后，为加强朝廷集权和对武备的控制，将火铳重新改由朝廷统一监制。

明成祖时期的火铳制造数量和品种都较洪武时有了更大的增长，并提高了质量，改进了结构，使之更利于实战。

从1368年开始，整个明朝的军队普遍装备和使用各式火铳。据史书记载，1380年规定，在各地卫所驻军中，按编制总数的10%来装备火铳。

1393年规定，在水军每艘海运船上装备碗口铳4门、火枪20支、火攻箭和神机箭20支。明成祖时，更创立了专习枪炮的神机营，成为我国最早专用火器的新兵种。

明代各地的城关和要隘，也逐步配备了火铳。1387年，在云南的金齿、楚雄、品甸和澜沧江中道驻军，也配备了火铳加强守备。

1412年和1422年，明成祖令北京北部的开平、宣府、大同等处城池要塞架设炮架，备以火铳。至嘉靖年间，北方长城沿线要隘，几乎全部构筑了安置盏口铳和碗口铳的防御设施。

火铳的大量使用，标志着明代火器的威力已发展到一个较高的水平。但是，火铳也还存在着装填费时，发射速度慢，射击不准确等明显的缺陷，因此只能部分取代冷兵器。而在明代军队的全部装备中，冷兵器仍占有重要的地位。

16世纪初，西方先进的火器制造技术开始传入我国，进一步推动了明代火器的发展。尤以佛郎机、红夷炮、鸟铳等影响最大。

"佛郎机"本是明代对葡萄牙、西班牙等国人的统称。

1521年,白沙巡抚何儒从来华的葡萄牙船上看到一种火炮,与明军火炮相比,具有装填弹药方便、发射速度快和装有瞄准具等优点,便组织船上我国籍枪炮匠上岸仿造,取名"佛郎机"。

红夷大炮号称"将军炮",明末引进西方技术制造,带有炮耳和瞄准具,可以调节射程,炮身寿命长,大型者重1600千克,射程可以达到1.9千米,应该是这一类武器的极限了

明代大将军炮在铸造时,通过增加箍来防止炸膛。1626年袁崇焕使用这种火炮打败后金,取得了宁远之战的胜利,努尔哈赤也被红夷大炮击伤。

鸟铳是明代对新式火绳枪的称呼,因为枪口大小如鸟嘴,故称为"鸟铳",又称"鸟嘴铳"。清代改称"鸟枪"。

据记载,1558年,明朝廷一次就造鸟铳1万支。而且,明代的鸟铳又有许多自己的创新。

在当时,杰出的火器研制家赵士桢,经过潜心研制,设计和试制了多种鸟铳,有噜密铳、翼虎铳、三长铳、掣电铳、迅雷铳、鹰扬铳、震叠铳、奇胜铳等。

其中噜密铳在尾部装有刀刃，在敌人逼近时可作斩马刀使用；震叠铳为双管火绳枪，与敌人作战时能连续发射两次，给敌人以重大杀伤；迅雷铳更是有5支枪管，共用一个枪机，轮流发射。

明朝嘉靖后期还研制了一种"连子铳"，它的铳身是用铜铁制造的，尾部安木柄，铳膛后部装填火药，火药事先装在一节一节的小纸筒中。

底部都用纸相隔，中通一孔，插一根火药线，药线相互连接。每节火药发射弹丸一枚，各纸筒自铳底首尾相接。

铳膛中部竖有一个铁筒，装满弹丸，先由第一节火药发射第一发弹丸，发射完后第二节火药会自动引燃，同时第二发弹丸可自动落入铳膛，正好被第二节火药发射出去，如此循环以实现连发。这种连子铳已经具备了全自动枪械的雏形。

明代的爆炸性火器主要有地雷和水雷两类。地雷一般用陶瓷罐或铁罐装上炸药，再用药线接上引爆装置。"万弹地雷炮"和"伏地冲天雷"是明代著名的地雷。

水雷用木箱或铁壳密封，浮在水中等敌船靠近，拉动引爆装置；或计算好药捻燃尽时间，定时爆炸，攻击敌船。"水底雷"和"水底龙王炮"是明代著名的水雷。

明代的火箭已发展到相当高的水平，并已开始广泛应用于战场，被称为"军中利器"。当时的火箭种类繁多，性能先进，有多火药筒并列火箭、有翼火箭、多级火箭、多发齐射火箭等。它们是现代火箭的先驱。

我国古代火器尤其是明代火器的发明和应用，是我国古代人民在军事技术领域取得的最辉煌的成就，它对我国乃至世界军事发展史产生了深远的影响。不仅使战争面貌发生了根本性的变化，而且还促进了军队编制和装备的变革。

拓展阅读

明代火器的大发展，朱元璋功不可没。

朱元璋最早与火器打交道是在南渡长江的前夕，当时还驻军于江北的和州，多方招揽人才等待时机。

在此期间，有一个名叫焦玉的匠人前来求见，并献上几十支"火龙枪"。朱元璋命得力助手徐达在军中试射，证实这种武器能够洞穿一层皮革。

朱元璋非常高兴，认为拥有此枪取天下就更加容易了。后来，朱元璋还大力扶持和推广新式火器，使明军装备提升到了一个新台阶。

奇正之变

　　古代的阵法起源于我国，其中主要的阵法有鱼鳞阵、八卦阵、十面埋伏阵、骑兵五军阵和鸳鸯阵等。了解这些阵法，可以感受古代我国将士们排阵练兵的无穷奥妙。

　　阵法的功能有进攻和防守。战阵的攻守操练，是我国古代治军的重要方面。一支训练有素的军队，它的重要标志就是阵形娴熟，攻守自如。通过这些阵法，可以使士卒们严守攻守纪律，牢记各种信号和口令，在战时做到令行禁止，步调一致，最大限度地发挥集体协调的作用，并树立必胜的信心。

春秋时期的鱼鳞阵

鱼鳞阵是分层次用士卒的一种战斗队形，因它形似鱼鳞而得名。鱼鳞阵一般排成三五个层次，实施分层次攻击。它前面的兵力比较少，越往后面兵力越多，其主力在中心部位，攻击力也最强。

在鱼鳞阵中，大将位于阵形的中后方，主要的兵力在中央集结，分作若干个鱼鳞状的小方阵，然后按梯次的配置，呈现出前端微凸，属于进攻阵形。

鱼鳞阵的战术思想是中央突破，集中优势兵力对敌阵中央发起猛攻，真可谓是直捣心脏，抓住要害。

鱼鳞阵法的创造者是春秋时期郑国国君郑庄公，名字叫姬寤生，是一位杰出的政治家、军事家和统帅。他一生功业辉煌，在位期间，分别击败过周、虢、卫、蔡、陈联军及宋、陈、蔡、卫、鲁等国联军。攻必克，战必胜，可谓战绩显赫，被称为"春秋小霸"。

郑庄公是郑武公姬掘突的长子。郑武公娶申侯女武姜为妻。据《左传·隐公元年》记载，武姜生下姬寤生时难产，因此取名寤生。由于生姬寤生难产，所以武姜不喜欢郑庄公。

后来武姜生少子段时很容易，武姜十分喜欢。郑武公病危时，武姜想立段为太子，郑武公不同意，而是立姬寤生为太子。

公元前774年，郑武公去世，太子姬寤生继位，这就是郑庄公。

郑庄公继位之后，凭借强盛的国力又身为周室权臣的条件，竭力扩充领地，侵伐诸侯：拉拢齐、鲁两国，打击和削弱卫、宋、陈、蔡四国，并灭亡了许国，成就了"春秋小霸"的局面。

此时，周王室的是周平王姬宜臼在位，他就对郑庄公的势力十分担忧,决定分其权给虢公忌父,郑庄公得知后怨恨周平王。为了缓和双方矛盾,周平王的儿子姬狐与郑庄公的儿子公子忽互换作为人质。

周桓王姬林继位后,欲将朝政大权交予虢公林父,郑庄公得知后,派兵夺取周王室的秋收果实,致使周、郑矛盾更加尖锐。周桓王便任命虢公林父为右卿士,以分郑庄公之权。随后,周桓王又免去郑庄公左卿士职务,郑庄公遂拒绝朝觐周桓王。

公元前707年秋,周桓王为维护王室尊严,亲率王师并征调陈、蔡、卫三国之军联合攻郑,郑庄公则率军迎战周联军于繻葛。

针对周联军的布阵形势和特点,郑庄公令大夫曼伯率一军为右侧方阵,大夫祭足率一军为左侧方阵,分别进攻周军的左翼和右翼;大夫原繁、高渠弥合率一军为中军,随郑庄公配置于两侧方阵中间稍后,相机出击。

在此战中,郑庄公一改传统的车战战斗队形,将通常配置于战车之后的隶属徒兵,以5人为单位,分散配置于每乘战车的左、右、后方,填补车与车间的空隙,形成徒兵与战车相互掩护、密切协同、攻防自如的战阵，谓之"鱼丽之阵"，也就是后来有名的鱼鳞阵法。

战争开始后，郑庄公在中军号令左、右两方阵同时出击，向周军两翼配属的陈、蔡、卫军发起猛攻。

陈军一触即溃，蔡、卫军迅速败退，两翼周军为溃兵所扰，阵势大乱，纷纷溃败。

此时，郑左、右两方阵对孤立无援并已开始动摇的周中军实施钳击，郑庄公乘势将郑中军投入战斗。

周中军遭郑三军合力攻击而大败，周桓王的肩膀中祝聃之箭负伤，引军而退。

郑庄公考虑到周桓王贵为天子，下令禁止祝聃追击，并于当晚派祭足为使者赴周军慰问周桓王及其将领，以示与王室和好之意。

经过繻葛之战，郑庄公的图霸事业达到了顶峰。而鱼鳞阵法的出现，使我国古代车阵战法逐渐趋向严密、灵活，有力地推动了古代战术的革新和演进。

自从郑庄公用鱼鳞阵法战败周桓王后，这一车阵战法在此后的战国时期，楚汉争霸过程中，三国时期，每用不爽，屡建奇功，无人能破。而将这一阵法运用得最好的战例，当属秦赵长平之战。

在秦兵马俑第二个俑坑的骑兵部队旁边，考古人员发现了大量战车的残迹。但当探测结果全部出来的时候，专家们却颇感意外。

在秦的时代，车步配合是最典型的作战方式。在庞大的战车后面，总有步兵跟随，进攻时车步总是一齐向前推进。车驰卒奔的作战方式曾经风行了1000多年。

但是，这儿的探测结果完全不同。在厚厚的黄土下，埋着一支纯粹由64辆战车组成的部队。这些战车车体窄小，仍旧由4匹马拉动。可以推想，若没有步兵跟随，他们完全可以跟上骑兵的速度。战车上的士兵配备着戈、矛等刺杀兵器，正好弥补骑兵无法近身攻击的缺憾。

一些专家认为，袭击被困赵军的轻兵，应该就是这种独立的战车部队。那把赵军一分为二的2.5万名奇兵，很可能就有这种独立的战车队伍。

当时，赵军主力在长平被围的消息传到了咸阳，忐忑不安的秦昭王喜出望外，他立即亲自赶赴前线，把15岁以上的男子全部征召，组成了一支大军。

这支临时拼凑的秦军从战场的两翼，直至插到赵军大本营背后，彻底切断了全部赵军的后路。赵军统帅赵括终于意识到，形势已经极度危险，他把部队分为4队，拼死突围。

司马迁在《史记》中没有提赵括是从哪个方向突围的，合乎逻辑的推测应该是向赵军的大本营方向。如果真是这样的话，赵军必须闯过一关，就是那2.5万名奇兵，正是他们，关闭了赵括与大本营守军会合的铁门。

可以想象，在整个包围圈上，这里曾经发生过最为惨烈的战斗。这"绝赵军后"的秦军部队，如果没能顶住赵军的拼死突围，这场战争的结局或许会改写。此时，除了士兵的勇敢，没有什么比精心组织的军阵更有效了。

在这个凝固的地下军团，6000多个兵马俑组成了一个活生生的秦军军阵。其中，排列在军阵最前面的是3排弩兵，他们是整个军阵的前锋。在军阵的最后面也有3排弩兵，至今还埋在地下，他们是整个军阵的后卫。

军阵的最后边有3列横队，其中有一列是面朝后的，之所以这样布置，是为了防止敌人从背后袭击。

在军阵的右翼，有两列士兵，一列朝前，另外一列面墙而立。在左翼，也有一列士兵面目向外，虎视眈眈。这样布置是提防大军的左右两侧遭到敌人的突然袭击。这些面壁的士兵正是整个军团两翼的护卫队。

有前锋，有后卫，有两翼，在这四面的围绕之下，中间是个庞大的军阵的主体。这是由38路纵队组成的主力部队，步兵和战车相间交错，浩浩荡荡、气势磅礴。

它是个屯聚的阵势，它没张开，兵书上曾经讲了，说这个坚若磐石的阵势一旦展开，如万弧挺刃，像刀一样一下扩展开来。

这是古代战争史上极其经典的鱼鳞阵范例，它进可以攻，无坚不摧；退可以守，固若金汤。赵国是战国后期实力仅次于秦国的国家，但在这样的军阵前，赵军也难逃厄运。

拓展阅读

郑庄公继承王位后，因为母亲武姜参与共叔段叛乱，就一怒之下把武姜软禁起来，并且向她发誓说："不到死后埋入黄泉，决不相见了！"

一年后，郑庄公又觉得不能这样对待自己的亲生母亲，但又不愿违背原来的誓言。

老臣颖考叔向郑庄公献计说："您可以挖条隧道，下及泉水，您同母亲在那里相见，既见到了母亲，又不违背誓言。"

郑庄公听从了颖考叔的主意，与母亲在隧道里相见，并向母亲请罪，母子又恢复了亲情关系。

奇正之变

战国时期的八卦阵

八卦阵是由太极图像衍生出来的一个精妙阵法。它的具体阵势为大将居中，四面各布一队正兵，正兵之间再派出四队机动作战的奇兵，构成八阵。八阵散布八方，又可复而为一，其分合变化，又可组成六十四阵，可谓神秘莫测，诡异多变，体现了阴阳太极生克制化的内涵。

在实战中，我方会诱敌深入，待其杀入阵中，又会让出部分空间任敌人冲刺。我阵虽破却不散。随着时间的推移，阵内的敌军最终会被消灭一空。

军事：强军战略雄风

八卦阵又叫八阵，是战国时期的大军事家孙膑发明的，据说他是受了《易经》八卦图的启发，所以称"八卦阵"。

孙膑的本名没有传下来，因为他受过膑刑，即剔去膝盖骨，所以称为孙膑。他是孙武的后人，是战国时期齐国的军师。在我国乃至世界历史上，孙膑都堪称一位卓越的军事家、军事理论家。他的《孙膑兵法》被广泛传播。

相传，孙膑早年曾经与庞涓一道跟鬼谷子学习兵法，后来庞涓在魏国做了魏惠王的将军，深得魏王的信任，可他自以为才能不及孙膑，便阴谋派人把孙膑骗来。

孙膑到了之后，庞涓越发害怕孙膑的才能超过自己，更加嫉恨他，于是蓄意用计陷害孙膑，假借法令砍去他的膝盖骨，并在额头刺字。

庞涓的目的是想把孙膑这个人才埋没起来，让世上再没有同他竞争的对手。不久，有位齐国的使者来到魏国首都大梁，孙膑以刑徒的身份暗中与之相见，说动齐使。

齐国使者觉得孙膑是个奇才，便偷偷地用车把他载回了齐国。齐国的大将田忌非常赏识孙膑的才能，把他奉为上宾以客礼相待。

公元前354年，魏国派庞涓率8万兵由大梁出发，北上进攻赵国的都城邯郸。赵国无力打破魏军的围攻，便向齐国求救。齐王准备派兵8万救赵，并让田忌做主将，孙膑做军师。

孙膑坐在军车之中筹谋策划。田忌采纳孙膑的建议，把主力集结在预设阵地桂陵，即今河南省长垣西北，准备歼敌。

大约在农历十一月间，庞涓回兵桂陵，遭到齐军截击，败回大梁。围魏救赵的成功经验从此被我国历代兵家所借鉴，在我国战争史上占据了重要地位。

桂陵战后的第十三年，魏国联合赵国攻打韩国，韩国向齐国告急。于是，齐国在韩魏两军久战俱疲的时机，命田忌为将，孙膑为军师，出兵救韩，直取魏国都城大梁。

魏国得知齐军攻魏救韩的消息后，立即撤去围韩之军回到大梁。魏国国君魏惠王决心集中主力迎击齐军，以报桂陵之战失败之仇，命太子申为上将军，庞涓为将军，率领10万军队主动迎击齐军，寻求决战。

孙膑向田忌建议：利用三晋士兵向来彪悍骁勇，轻视齐国，认为齐军胆小怯懦的心理，示之以弱，诱敌追击，然后乘隙予以致命打击。

孙膑还具体提出了诱敌的方法，就是在与魏军接触后就假装败退，退却中第一天挖10万个炉灶，第二天减少至5万个，第三天减少为3万个，让魏军误认为齐军每天有大量士兵逃亡，战斗力迅速减弱，以诱使魏军追赶。

果然，庞涓见齐军炉灶天天减少，得意忘形地说："我原来就知道齐军胆小怯懦，进入我国境内才3天，士兵就逃走过半了！"于是丢下步军，只率一部分轻装精锐部队，兼程追赶。

孙膑估计庞涓的行军速度，天黑当可赶到马陵。马陵道路狭窄，旁多险阻，可埋伏兵马。

他命令削去大树的树皮，在露出的白木头上写上："庞涓死在此树之下。"然后命令齐军善射者1万人，手执强弩，埋伏在道路两旁，约定说："夜里见到火光亮起来就万箭齐发。"

庞涓果然夜晚来到大树下，见白色木头上写了字，钻火照看，还没来得及读完树上的字，齐军已万箭齐发。魏军大乱，彼此无法相顾。庞涓这才意识到中了孙膑的计策，已经智穷兵败。

齐军乘胜攻击，全歼10万魏军，俘虏了魏国太子申，孙膑也由于其卓越的军事才能而闻名天下。

马陵之战后，孙膑辞官归隐，潜心军事理论研究，终于写成了流传千古的军事名著《孙膑兵法》。

《孙膑兵法》集古代兵法之大成，总结先人经验，其中将"阵"系统完整地分为十种阵形，即方阵、圆阵、疏阵、数阵、锥形阵、雁形阵、钩形阵、玄襄阵、水阵、火阵。

另外还有用以射击的云阵，围敌的赢渭阵，奇袭的阖燧阵等，种类不下20种。并从宏观上论述用兵的基本规律，着重于对将领的要求和使用阵法的基本原则。

孙膑创造的八卦阵在后来三国时被诸葛亮灵活运用。他用石头在四川奉节布设过八阵的方位，作为教练将士演习阵法之用，名为"八阵"。其特点是大阵包小阵，大营包小营，隅落勾连，曲折相对，内圆外方。

诸葛亮的八阵分别以天、地、风、云、龙、虎、鸟、蛇命名,加上中军共9个大阵。中军由16个小阵组成,周围八阵则各以6个小阵组成,共64个小阵。

八阵中,天、地、风、云为"四正",龙、虎、鸟、蛇为"四奇"。龙即青龙,虎即白虎,鸟即朱雀,蛇即螣蛇。另外,尚有"二十四阵"布于后方,以为机动之用。

八阵的排列,就像一幅周文王的"后天八卦图"。其实这也是后来有人将八阵称为"八阵图"的原因所在。

战国时期由孙膑创造的八阵,经过诸葛亮的灵活运用,成为我国古代不可多得的作战阵法,在实战中发挥了重要作用。

拓展阅读

鬼谷子要考考他的学生孙膑和庞涓的智慧,就出了个题目:"你们两个到院子里去,然后想办法把我从屋子里叫到院子里。"

庞涓用尽心思想办法,老师就是纹丝不动,最后庞涓败下阵来。

孙膑想了想,对老师说:"老师,我无法让您从屋子里走出来,但如果您站在屋外,我有办法让您从屋外走到屋里。"

老师说:"好吧,我到外面去,看你们两个到底能想出什么办法来。"

当老师推门走出来时,孙膑立刻上前深鞠一躬说:"老师您交给我们的任务完成了。"

楚汉之际十面埋伏阵

十面埋伏阵即诱敌进入指定场景,通过刺杀、下毒、陷阱等多种手段使敌人身心疲惫,在敌人最脆弱的时候给予致命一击。十面埋伏阵法无固定模式,随时随地都可运用,一般都借助于山谷等有利地形,依据"地利、人和、天时"的原则来巧妙布阵。

十面埋伏阵,就是四面八方广布伏兵的意思,表现出一种不可逆转的军事态势。入此阵者,如入天罗地网,回天乏力,常常军心涣散,难逃败局。垓下之战是运用十面埋伏的经典战例。

军事：强军战略雄风

十面埋伏阵是楚汉之际的韩信发明的。韩信是西汉开国功臣，齐王、楚王、上大将军，后为淮阴侯。

他是我国历史上伟大军事家、战略家、战术家、统帅和军事理论家。我国军事思想"谋战"派代表人物，也是当时世界上最杰出的大军事家、大战略家。被后人奉为"兵仙"、"战神"。

在垓下之战中，汉军统帅韩信设下十面埋伏的阵法，从而彻底击败了楚军，迫使项羽自刎乌江。

公元前203年9月，项羽拔营东归，向彭城回归。10月，刘邦见围歼项羽的时机已经成熟，便采纳张良、陈平的建议，率兵从阳夏出发，同时传令各路诸侯率军西向，在固陵会师。

不久，韩信、彭越、英布诸路兵马先后到达，从成皋到荥阳一路相连数百里，人马跃动，震天动地。

刘邦见诸路兵马如期到来，心中大喜，当下就命韩信为总统帅，全权指挥各路大军；又命萧何、夏侯婴运输粮草，供应前方。

公元前202年农历十一月，刘邦率兵进入楚地，围攻寿春，又派人诱使驻舒县的楚国大司马周殷叛楚降汉，占领了大片楚地。到了农历十二月，终于把项羽围困在回奔彭城的路上垓下。

当时的情况是，楚军处于绝对劣势。西楚国位于长江以北的全部土地均已失陷，10万楚军成为绝对的孤军，缺粮已经几个月，士兵饥饿，军队根本没有半点补给。

楚军刚从广武前线上撤下来，未经补给，非常疲惫，且多穿着夏秋季的衣服，寒冷饥饿，士气溃散。还有，楚军离江东五郡距离遥远，在当时的情况下，即使冲破包围圈，也很难在汉军的追击下及时回到己方领土。

相比之下，汉军联兵约五六十万，而且精力饱满、粮食充足、士气旺盛。五六十万大军被韩信排出了这样一个阵形：

韩信亲率30万大军居中，为前锋主力；将军孔熙率军数万为左翼；陈贺率军数万为右翼；刘邦率本部主力尾随韩信军跟进；将军周勃率军断后。

五路汉军布成十面埋伏阵，环环接应，步步为营，有序推进，最后完成了包围圈。

就是在这样一种情况之下,韩信五六十万主力向盘踞于垓下困守的10万楚军发起了最后的进攻!

韩信请刘邦守住大营,他亲率3万人马上前挑战。士兵按韩信的命令,冲着楚营高喊:"人心皆背楚,天下已归刘。韩信屯垓下,要斩霸王头!"

项羽一听,气得七窍生烟,率众冲杀出去。两军相接,交战几个回合,韩信且战且走,把项羽引进了包围圈。当韩信以前阵为屏障掩护刘邦军回撤退避的同时,孔熙、陈贺所率的左右两军也自楚军左右两侧进行着迂回机动,逐渐围住了楚军侧翼。

项羽过于猛烈的冲锋,已经明显拉开了军队前后的距离。楚军队形越来越散、越拉越长,已经渐渐失去了紧密的队形和互相之间的配合。楚将虞子期怕中埋伏,打马追上项羽。劝道:"韩信多谋,汉军势众,主公不必急于追杀,待我江东援兵赶到,汉兵粮草空虚,再杀他也不迟。"

这时的项羽已经怒不可遏，根本听不进这些话，他狠狠瞪了虞子期一眼，全然不把汉军放在眼里，一直杀奔过去。

汉军中军一退再退，左右两军迂回急进，完成了前后夹击之势。汉军左右军随之投入了对楚军后方的侧翼的进攻，以紧密的阵形两面压来，迅速合围了落在后面的楚军步兵。

项羽气得血往上涌，一心要抓住韩信，率军径直猛追。忽然杀声四起，汉军十面埋伏的伏兵一起杀出，把楚军团团围住。

项羽方知中计，气不能消，身心俱惫，只得奋力杀开一条血路，带领残部退回了垓下大营。

这时，经过几番厮杀的10万楚军，剩下的已不足两三万人，被围垓下，动弹不得！

这天夜里，寒风凄凄，忽高忽低，像是怒号，又像是哭泣。随着凄切的风声，四面隐约地传来楚歌，低沉凄怆，如泣如诉："寒月深冬兮，四野飞霜，天高水涸兮，寒雁悲怆。最苦戍边兮，日夜彷徨，披坚执锐兮，孤立山冈……"

项羽听了，暗暗吃惊，对身边的爱妃虞姬说："莫非汉军已把楚地全占了吗？为什么汉军里有那么多楚人在唱楚歌？"

楚军将士也被这歌声引动了思乡之情，无心再战，纷纷逃散，连跟随项羽多年征战的将军们，也暗地里不辞而别，就连项羽的叔父项伯也偷偷离去了。军心大乱，一夜之间，项羽身边只剩下了千余人。

第二天凌晨，项羽突围，几经转战，只身来到乌江边。见前有滔滔江水，后有汉将灌婴率兵紧追不舍，心灰意冷，无颜再见江东父老，便拔剑自刎了。一代英雄，就这样悲剧性地血洒乌江之畔。

至此，历时4年的楚汉战争终于以刘邦的胜利而告终。

在垓下之战中，韩信积极调兵，巧妙布置，多路合围，构成十面埋伏阵。然后，先用歌谣激怒项羽，使项羽误入阵中，再用"四面楚歌"之法，致使项羽的8000名子弟离肠寸断，战斗力荡然无存。

可以说，垓下之战是韩信运用十面埋伏阵法和采用心理战太的成功战例，充分显示了韩信卓越的军事指挥才能。

垓下之战是楚汉相争中决定性的战役，它既是楚汉相争的终结点，又是大汉王朝繁荣强盛的起点，更是我国历史上具有里程碑意义的转折点。它结束了秦末混战的局面，统一了天下，国家开始安定下来，同进也奠定了汉王朝四百年基业。

而韩信运用十面埋伏阵法，创造了我国古代大规模围歼战的成功战例。

拓展阅读

韩信多次同萧何交谈，萧何十分赏识他。刘邦被项羽封为汉王时，有不少将领逃走。

韩信见萧何多次在刘邦面前举荐过自己而不被用，于是也逃走了。萧何听说后，来不及向刘邦报告便去追赶。刘邦知道后很生气，如失左右手。

过了一两天，萧何前来进见，说自己去追逃亡的韩信。并说欲争天下，非韩信不行。刘邦本来就不想甘居汉中，志在取得天下。

听萧何这么一说，刘邦决定重用韩信。后来，韩信果然在楚汉战争中打败了项羽，为大汉王朝的建立下了汗马功劳。

明代创设的鸳鸯阵

鸳鸯阵是把士兵分为3队,当敌人进至100米时,第一队士兵发射火器;当敌人进至60米时,第二队士兵发射弩箭;当敌人进至10米时,第三队士兵用刀矛向敌人冲杀。

鸳鸯阵同以前的阵法相比发生了一些变化,这些变化反映了我国古代作战阵法从传统的方阵向多兵种集团作战的阵法的演变过程。因此,这种变化具有一定的代表性。鸳鸯阵成功地把具有防御功能的盾牌作为进攻的先锋,为后世留下了宝贵的战术理论遗产。

军事：强军战略雄风

鸳鸯阵是明代将领戚继光为抗击倭寇而创设的一种阵法。戚继光是明代抗倭名将，民族英雄、杰出军事家。他在25岁时被提升为署都指挥佥事，负责山东全省沿海防御倭寇，取得了令人瞩目的成绩。

戚继光觉得军队素质是制胜要务。为了组建一支有组织、有纪律、英勇善战的军队，1559年，他亲自到浙江义乌招募农民矿工，编练新军。

戚继光带领这支部队来到福建，福建是倭寇的主要活动地区，他这次来这儿就是要大打一场，狠狠打击倭寇的嚣张气焰。来福建之前，戚继光就制订了详细的作战方案。到福建后，他马上开始了紧张的大练兵。

这天一大早，戚继光传令把军中年轻、行动敏捷的士兵集合起来，每人发给一只藤牌。士兵们拿在手里一看，原来是直径两尺多，周围边缘稍微高一些的藤条编的盾牌。

接着，戚继光又把长得高大强壮的士兵集合起来，每人发给一只木头制成的长两尺，宽一尺的长形盾牌。

这些士兵的家庭都饱尝倭寇的残害，个个憋着一口气投奔戚将军，准备在战场上大显身手。没想到每人只发给一只盾牌，想象中的刀、枪等兵器根本没让摸。很多人泄气地嘀咕着，同时漫不经心地提着盾牌。

戚继光来到他们面前，似乎看透了大家的心思，语重心长地说："你们不要小看这些盾牌，我还要依靠你们拿着它去发挥特殊的作用。等真正打起来就明白了，你们的任务最艰巨。"

随后，戚继光集合起来士兵，每人发了一把竹竿做成的东西。这是一支3米多长的粗大竹子，前端保留着枝枝杈杈，最前头插着一尺长的钢刀。士兵们拿着这个东西左看右看，谁也没见过这种新式兵器。

戚继光的副帅说："这叫'狼筅'，是戚将军亲手设计的。"

其他的士兵也都领到了长枪和大刀。

练兵开始了，戚继光威风凛凛地站在高台上，举着一面令旗。在令旗的指挥下，副帅们把执各类兵器的士兵排成几路纵队，形成一个完整的方阵：最前面的是拿盾牌的士兵们，藤牌和长木牌交错排列；盾牌手的后面是持"狼筅"的士兵；再后面是持长枪的士兵；整个方阵的最后是大刀兵。

戚继光精神抖擞，大声告诉大家说："你们现在排列的是我新设计出来的阵法，叫'鸳鸯阵'。盾牌手在前掩护大军前进，也就是负责开辟道路。狼筅手、长枪手、大刀手紧跟在后，互相配合，以长补短，以短救长。枪盾结合在一起，就能发挥出极大威力来！"

经过一番艰苦、严格的训练，真正打仗的那天终于到了。

军事：强军战略雄风

1561年，倭寇大举侵犯台州。戚继光率领戚家军，在"隆隆"的战鼓声中，排成鸳鸯阵冲向敌营。

倭寇射出几千只箭，在鸳鸯阵排成墙一般的盾牌掩护下，箭起不到应有的作用，鸳鸯阵中的士兵仍在呐喊着前进。倭寇从来没见过这样的阵势，挥舞着刀枪往上冲。盾牌墙又一次阻挡了敌军的刀枪。

在混战中，倭寇长刀虽锋利，却砍不断软枝，竹节层层深，能挡住长枪刺入，狼筅兵在前冲阵，长枪兵紧随左右，大刀接应于后，杀得倭寇死伤无数。戚家军势如破竹，杀向敌营，直捣倭寇的巢穴。

戚继光率领所部九战九胜，取得举世闻名的台州大捷。倭寇们心惊胆战，给戚继光取了个名字叫"戚老虎"。从此以后，戚继光带领戚家军在东南沿海抗倭，威震我国海疆，倭寇望风而逃，危害已久的倭患终被荡平。

拓展阅读

有一次，戚继光率军在台州府围剿倭寇，有一股残敌想逃掉，戚继光就命自己的儿子戚印前去伏击，先让他佯装失败退却，将敌人诱至预定地点，以便一举歼灭。违反军令者要按军法处置。

戚印在常风岭接敌后只顾奋勇杀敌，竟然忘记了父亲临行前的命令，霎时间就将敌人全歼在山道之上。

戚印率军回营，本以为杀敌有功，会受到嘉奖，但戚继光却说他违反军纪，应以军法处置。诸将虽然苦苦求情，最终还是执行了军法。